Business Russian

SIEGFRIED KOHLS

Business
Russian

A reference and textbook

PASSPORT BOOKS
a division of *NTC Publishing Group*
Lincolnwood, Illinois USA

1996 Printing

Published by Passport Books, a division of NTC Publishing Group.
©1977 by NTC Publishing Group, 4255 West Touhy Avenue,
Lincolnwood (Chicago), Illinois 60646-1975 U.S.A.
Manufactured in the United States of America.

6 7 8 9 ML 9

СОДЕРЖАНИЕ

CONTENTS

PREFACE

International trade between the Soviet Union and other countries has grown, and Russian has taken its place as an important vehicle of communication. This manual is intended to assist persons in the business world with the grammatical knowledge, fluency, and facility in Russian necessary for making themselves understood. Once you have a basic understanding and a minimal vocabulary in Russian, you can learn business communication skills in a comparatively short time.

This book covers all transactions that one would normally encounter in a commercial office; such as the business letter, inquiries, offers, orders, contracts, telegrams, complaints, and arranging shipping and delivery. The style shown is very concise, objective, and courteous. Each phase of communication is treated, including sample dialogues, letters, exercises, and vocabulary. Correct solutions to the problems and exercises are provided in a key at the end of the book.

The editors wish you success in applying your knowledge to practical situations. To acquaint yourself with other specialized Russian vocabulary and usage, you may wish to consult National Textbook's *Guide to Russian Composition and Conversation,* by C. R. Buxton.

Введение

1. Коммерческий документ и его стиль

1.1. *Коммерческий документ и его стиль*

Внешнеторговая деятельность, т. е. изучение внешнеторгового рынка, подготовка и исполнение сделок и т. д., проводится, как правило, на основе определённых документов: запросов, предложений, заказов, договоров, рекламаций, а также расчётной, транспортной, страховой и таможенной документаций.

Правильно и по современной технике составленные документы по торговым операциям во многом способствуют

а) лучшему изысканию и изучению самых выгодных и наилучших форм деловых отношений и связей,

б) быстрому приобретению необходимых справок,

в) хорошей организации контроля и учёта работы, выполняемой внешнеторговыми организациями,

г) экономичности (в отношении затраты материалов и рабочего времени),

д) хорошей организации делопроизводства (регистрации, хранения документов и т. д.).

Из этого следует, что знание современной техники оформления писем и документов играет весьма важную роль во внешнеторговой работе. Известно, что своевременно, лаконично, грамотно и обоснованно оформленные или изложенные документы во многом предопределяют аккуратное выполнение внешнеторговых операций и нередко избавляют от излишней переписки.

Содержание деловых документов излагается, как правило, в определённом порядке, что значительно упрощает и ускоряет их усвоение и обработку.

Стиль этих документов (писем, договоров, соглашений и т. п.) является строго деловым, кратким, точным, простым, ясным и последовательным, без преувеличенной вежливости (как например: «честь имею . . .» и т. д.).

Обращением пользуются главным образом в том случае, если обращаются к руководителю предприятия, внешнеторговой организации и др. Стиль коммерческих документов отличается от стиля художественной литературы, в основном, следующим образом:

а) коммерческий язык обладает многими специальными терминами;

б) многие русские слова употребляются в ином смысле, напр.: приход, расход, погасить, покрыть и др.;

в) в течение долголетней торговой практики образовались многие устойчивые словосочетания и фразы, как например, записать в приход (расход), записать на счёт, невидимый импорт, импорт с участием посредников, ссылаясь на Ваше письмо от . . ., настоящим сообщаем Вам, что . . . и др.;

г) в деловой переписке кроме того встречаются многие сокращения, которые вызваны стремлением к экономии времени, бумаги и денег.

1.2. *Слова и выражения*

торго́вля	trade, commerce
вне́шняя ~	foreign, external trade
вну́тренняя ~	internal, home trade
торго́вый	trade, trading, commercial
де́ятельность, -и	activity
сде́лка	business, business deal
заключи́ть ~у	to conclude a business deal
испо́лнить ~у	to complete, carry out, effect a deal
запро́с	inquiry
предложе́ние	offer, proposition
зака́з	order, contract
догово́р	contract, agreement
расчёт	settlement, payment
страхова́ние	insurance
тамо́жня	customs, customs authorities
оформле́ние докуме́нтов	completion of documents, drawing up of documents
обеспе́чивать uv.[1], -аю, -аешь обеспе́чить v., -чу, -чишь	to assure, ensure, insure
делово́й	business (adj.); practical
~ые свя́зи	business connections, relations
изыска́ние	location, finding
изыска́ть v., -ыщу́, -ы́щешь изы́скивать uv., -аю, -аешь	to locate, find, ascertain
~ ну́жные сре́дства (материа́лы)	to find the necessary means
учёт	evaluation; settlement; recording

[1] The German abbreviations uv. and v. after Russian verbs indicate imperfective and perfective forms respectively.

спра́вка	information, inquiry
получи́ть ~у	to receive information
обрати́ться к кому-л. за спра́вкой	to approach s.o. for information, to inquire of s.o.
навести́ (наводи́ть uv.) спра́вку	to obtain information, inquire
дать кому-л. спра́вку о чём-л.	to give s.o. information on sth.
экономи́чность, -и	efficiency, profitability
затра́та	expenditure
~ материа́лов	expenditure of materials
делопроизво́дство	(conduct of) business correspondence, clerical function
делопроизводи́тель, -я	correspondent, secretary
хране́ние	filing, storage, safe-keeping
~ багажа́	left luggage, baggage office
совреме́нный	modern
своевре́менно	punctually, to time
гра́мотно	expertly, faultlessly
обосно́ванно	validly, soundly
изло́женный	Past Part. Pass. of изложить
предопределя́ть uv., -я́ю, -я́ешь	to determine in advance, ensure
предопредели́ть v., -лю́, -ли́шь	
устраня́ть uv., -я́ю, -я́ешь	to avoid
устрани́ть v., -ню́, -ни́шь	
изли́шний	superfluous, unnecessary
~ -яя перепи́ска	unnecessary correspondence
содержа́ние	content(s); support
излага́ть uv., -а́ю, -а́ешь	to set out; interpret
изложи́ть v., -ожу́, -о́жишь	
упроща́ть uv., -а́ю, -а́ешь	to simplify
упрости́ть v., -щу́, -сти́шь	
усвое́ние	assimilation, comprehension
соглаше́ние	agreement
просто́й	simple
после́довательный	logical; consistent
преувели́чить v., -чу, -чишь	to exaggerate
преувели́чивать uv., -аю, -аешь	
ве́жливость, -и	politeness
обраще́ние	form of address; circulation
~ това́ров	circulation of goods
обраща́ться (к кому-л., чему-л.) uv., -а́юсь, -а́ешься	to address s.o.; turn round
обрати́ться v., -ащу́сь, -ати́шься	
по́льзоваться (чем-л.) uv., -зуюсь, -зуешься	to use, employ
воспо́льзоваться v.	
~ но́вым материа́лом	to use new material

отлича́ться (от кого́-л., чего́-л.; чем) uv., -а́юсь, -а́ешься	to differ from; to distinguish oneself through sth.
~ ве́жливостью	to distinguish o.s. for courtesy
худо́жественный	artistic
облада́ть (чем-л.) uv., -а́ю, -а́ешь	to possess
ве́ксель, -я	bill of exchange
де́бет	debit
~ и кре́дит	debit and credit
прихо́д	receipts
записа́ть в ~	to enter as a receipt
расхо́д	expenditure
записа́ть в ~	to enter as expenditure
погаси́ть v., -гашу́, -гаси́шь гаси́ть uv.	to discharge, liquidate, amortize
долголе́тний	long, extensive, long-standing
~яя пра́ктика	long, extensive practice
усто́йчивый	fixed; persistent
словосочета́ние	phrase
фра́за	expression, phrase
счёт	account
неви́димый и́мпорт	invisible import
и́мпорт с уча́стием посре́дников	import through agents, intermediaries
ссыла́ться (на кого́-л., что-л.) uv., -а́юсь, -а́ешься сосла́ться v., сошлю́сь, сошлёшься ссыла́ясь (pres. part.)	to refer to s.o. or sth. referring to
настоя́щим	hereby, herewith
~ сообща́ем Вам, что ...	we hereby inform you that ...
сообща́ть uv., -а́ю, -а́ешь сообщи́ть v., -щу́, -щи́шь	to inform
сокраще́ние	abbreviation
вы́зван, а, о; ы (кем-л., чем-л.)	called forth (by s.o. or sth.)
стремле́ние (к чему-л.)	striving (after)
эконо́мия	economy, saving; economics
~ стредств, сырья́, эне́ргии	economy of means, raw materials, energy
полити́ческая ~	political economy
спи́сок, -ска	list

1.3. *Упражнения и задания*

1.3.1. *Прочитайте текст (1.1.) и выучите новые слова.*

1.3.2. *Ответьте на следующие вопросы:*

1. На основе каких документов осуществляется, как правило, внешнеторговая деятельность?

2. Чему должно способствовать оформление документов по торговым операциям?

3. Почему в делопроизводстве торговых организаций особенно большую роль играет знание техники составления писем и документов?

4. Как обычно излагается содержание деловых документов?

5. Каким является стиль коммерческих документов и чем он отличается от стиля художественной литературы?

1.3.3. *Подберите однокоренные прилагательные к следующим существительным и назовите суффиксы, при помощи которых они образованы:*

коммерция, экономия, торговля, транспорт, таможня, организация, контроль, расчёт, справка, экономичность, время, архив, техника, информация, письмо, договор, точность, последовательность, вежливость, честь, художество, литература, основа, специальность, приход, расход, счёт, импорт, бумага, деньги, книга.

— н —[1)
— нн —
— енн —
— /о/в —
— онн —
— ическ —
— ческ —
— ичн —
— очн —
— /и/в —

1.3.4. *Переведите:*

1. The preparation and carrying out of business deals takes place as a rule on the basis of the following documents: inquiries, offers, orders, contracts, agreements, as well as documents concerning transport, insurance and customs.

2. Commercial documentation must contribute to finding the best trading forms and relationships as well as to the controlling and recording of the work to be carried out.

3. It must ensure a high degree of efficiency in relation to the expenditure of time, materials and money.

4. The style of commercial letters, contracts, etc., is strictly practical, precise, clear, logical and without exaggerated politeness.

5. Commercial language is characterized by many specialized expressions, fixed phrases and formulae, as well as abbreviations, e. g. "We hereby inform you that...", "Referring to your letter of...", etc.

---

[1] Before the suffix н items ending in г change to ж (бумага — бумажный, деньги — денежный), к changes to ч (рука — ручной) and х changes to ш (успех — успешный).

УРОК ВТОРОЙ

2. Коммерческое письмо

2.1. *Коммерческое письмо (Образцы писем)*

ВСЕСОЮЗНОЕ ОБЪЕДИНЕНИЕ **МАШПРИБОРИНТОРГ**	VSESOJUZNOJE OBJEDINENIJE **MASHPRIBORINTORG**
МОСКВА, Г-200, Смоленская пл. 32/34. Телегр. адрес: МАШПРИБОРИНТОРГ Москва Телефон Г 4-27-75	MOSKVA, G-200, Smolenskaja pl. 32/34. Telegr. adres: MASHPRIBORINTORG Moskva Telephone·G 4-27-75

№ 6187-09/625   "25" марта 19.. г.

Генеральному Директору
"Файнмеханик-Оптик"

I02 Б е р л и н

Шиклерштрассе, 7

    Уважаемый товарищ Шульце,

    Во время переговоров в Лейпциге с Вашим представителем тов. Ротбартом мы просили выяснить возможность дополнительной поставки трёх разрывных машин ЦД-20 Пу.

    Просим в возможно короткий срок сообщить, сможете ли Вы поставить нам эти машины в третьем квартале с.г. Если это возможно, то просим оформить контракт и направить его нам на подписание.

                  С уважением

        Заместитель председателя
        В/О "Машприборинторг"   / В. Петров/

14

DEUTSCHE EXPORT- UND IMPORTGESELLSCHAFT  M. B. H.

Deutsche Export- und Importgesellschaft Feinmechanik-Optik m. b. H.
102 Berlin Schicklerstraße 7
Deutsche Demokratische Republik

В/О "Машприборинторг"

М о с к в а   Г-200

Смоленская пл. 32/34

Ihr Zeichen	Ihre Nachricht vom	Geschäftszeichen bei Antwort stets angeben	Hausruf	BERLIN
6187-09/625	25.3.19..	2261/14023	680	"20"апреля 19.. г.

<u>Кас.</u>: Вашего письма от 25 марта с.г.

С благодарностью подтверждаем получение Вашего вышеупомянутого письма, в котором Вы просите нас рассмотреть возможность дополнительной поставки разрывных машин ШД-20 Пу.

К сожалению, мы вынуждены сообщить Вам, что у нас больше нет возможности дополнительной поставки вышеупомянутых машин, так как наши заводы уже полностью загружены заказами на 3-4 кварталы с.г.

Если Ваши клиенты заинтересованы в поставке этих машин в I квартале 1967 г., просим об этом срочно сообщить нам.

С уважением

ДЕИЧЕ ЭКСПОРТ-УНД ИМПОРТГЕЗЕЛЬШАФТ

- ФАЙНМЕХАНИК-ОПТИК мбХ -

/Шульц/   /Шмидт/

Fernsprecher   **Telegramme**   **Fernschreiber**   **Code**   **Bankkonto**
Haus-Sammel-Nr. 51 03 21   Praezishandel   Praezishdl. Bln. 011 291   Unicode

15

Предпочтительно писать, указывая фамилию, если письмо адресуется непосредственно Генеральному Директору по известному ему и важному вопросу и подписывается Председателем объединения.

Составляются письма и без указания фамилии получателя обычно за подписью двух лиц. При этом указывается наименование объединения и в скобках пишутся фамилии (так же, как указано на стр. 15).

В последнее время в переписке между руководителями внешнеторговых организаций применяется указанная на стр. 14 форма письма, которая обычно применяется в переписке между Министерствами.

2.2.   *Схема коммерческого письма*

1. Неименование и адрес организации-отправителя

2. № (или пометка)   Место и дата

3. Наименование и адрес получателя

4. Кас.

5. Текст письма

. . . .

. . . .

. . . .

. . . .

6.   Формула вежливости

7.   Наименование организации или предприятия
                         Подписи

8. Приложения

2.3.   *Образцы конвертов*

а) из СССР в ГДР

ЗАКАЗНОЕ I)

Maschinenexport

108   B e r l i n

Mohrenstr. 61

ГДР

ВСЕСОЮЗНОЕ ОБЪЕДИНЕНИЕ
ТЕХНОПРОМИМПОРТ
Москва, Г-200, Смоленская пл., 32/34
Телегр. адрес: Техпромимпорт—Москва

VSESOJUZNOJE OBJEDINENIJE
TECHNOPROMIMPORT
Moskva, G-200, Smolenskaja pl., 32/34
Telegr. adres: Techpromimport—Moskva

б) из ГДР в СССР

Deutsche Export- und Importgesellschaft

feinmechanik-Optik m. b. H.

102   B e r l i n - POB 1504 - Schicklerstraße 7
Deutsche Demokratische Republik

В/О Машприборинторг

М о с к в а , Г-200

Смоленская пл. 32/34

UdSSR

¹ Вверху конверта крупным шрифтом способ отправки письма: заказное, авиапочта, до востребования

Всесою'зное объедине'ние	All-Union Corporation (name for Soviet Foreign Trade Organization)
зака'з (чего-л. и на что-л.)	order
~ на поста'вку автомоби'лей	order for the supply of cars
заказа'ть v., -ажу', -а'жешь	to order, give an order
зака'зывать uv., -аю, -аешь	
испыта'тельная маши'на	testing machine
представи'тель, -я	representative
вы'яснить v., -ню, -нишь	to explain, clarify
выясня'ть uv., -я'ю, -я'ешь	
дополни'тельный	additional, supplementary
поста'вка	delivery, supply
поста'вить v., -влю, -вишь	to deliver, supply
поставля'ть uv., -я'ю, -я'ешь	
разрывна'я маши'на	tension-testing machine (here: exhaust pressure testing machine)
неме'дленно	promptly, by return of post
офо'рмить v., -млю, -мишь	to draw up, put in order, set out, make legally valid
оформля'ть uv., -я'ю, -я'ешь	
контра'кт	agreement, contract
заключи'ть ~	to conclude an agreement
напра'вить v., -влю, -вишь	to send; direct, cast (glance, etc.)
направля'ть uv., -я'ю, -я'ешь	
подписа'ние	signature
подписа'ть (что-л.) v., -пишу', -и'шешь	to sign
подпи'сывать uv., -аю, -аешь	
~ контра'кт	to sign the agreement
подписа'ться (под чем-л.; на что-л.) v., -ишу'сь, -и'шешься	to sign, append one's signature, subscribe
подпи'сываться uv., -аюсь, -аешься	
~ под догово'ром	to sign the agreement (append one's signature to the agreement)
~ на газе'ту (журна'л)	to subscribe to a newspaper
ожида'ние	expectation, anticipation
в ожида'нии	in anticipation
оста'ться v., -а'нусь, -а'нешься	to stay, remain (here: We remain, yours, etc.)
остава'ться uv., остаю'сь, -аёшься	
Остаёмся с уважением	We remain, yours faithfully, yours truly
по'дпись, -и	signature
с. г.	of this yea
благода'рность, -и	thanks, gratitude
благодари'ть (кого-л. за что-л.) uv., -рю, -ри'шь	to thank (s.o. for sth.)
поблагодари'ть v.	

~ кого́-л. за по́мощь	to thank s.o. for help
подтвержда́ть uv., -а́ю, -а́ешь	to confirm, acknowledge
подтверди́ть v., -ржу́, -рди́шь	
вышеупомя́нутый	above-mentioned
рассмотре́ть v., -отрю́, -о́тришь	to examine, check, test
рассма́тривать uv., -аю, -аешь	
сожале́ние	regret
к сожале́нию	unfortunately, regretfully
вы́нужден, а, о; ы	obliged (to be)
сообщи́ть v., -щу́, -щи́шь	to inform
сообща́ть uv., -а́ю, -а́ешь	
загру́жен, а, о; ы	overburdened, full-up
Он по́лностью загру́жен.	He is completely overburdened.
Мы ~ загру́жены.	We are overburdened.
клие́нт (клие́нтка)	customer
заинтересо́ван, а, о; ы (в ком-л.,	to be interested (in s.o., sth.)
чём-л.) Мы заинтересо́ваны в бы-	We are interested in an early delivery
строй поста́вке э́тих маши́н.	of these machines.

2.5. *Упражнения и задания*

2.5.1. *Прочитайте письма (2.1.) и выучите новые слова*

2.5.2. *Ответьте на следующие вопросы:*

1. Кому написано от В/О «Машприборинторг» письмо?

2. Когда это письмо было написано?

3. Где находятся В/О «Машприборинторг» и торг. предприятие «Файн-механик-Оптик»?

4. Перескажите содержание письма В/О «Машприборинторг» в адрес «Файнмеханик-Оптик».

5. Что отвечает внешнеторговое предприятие «Файнмеханик-Оптик» Всесоюзному объединению «Машприборинторг»?

2.5.3. *Напишите деловое письмо, используя следующие слова и слово-сочетания:*

настоящим, подтверждать получение письма, сообщать, возможно ли поставить, автомобили и тракторы, просить направить каталог, заводы полностью загружены заказами на следующий квартал, заинтересованы в скорой поставке, с уважением.

2*

2.5.4.　*Переведите:*

1. We thank you for your letter of 20 February of this year but must regretfully inform you that it is impossible for us to deliver the machines this quarter.

2. We confirm receipt of your letter of 18 January of this year and thank you for your willingness to supply us with three additional machines.

3. We regret to have to inform you that our works are completely overburdened with orders at present.

4. If you are interested in delivery in the fourth quarter of this year, please let us know without delay.

5. We would ask you to re-examine the possibility of an additional delivery of the above-mentioned machines.

6. We would ask you to draw up the agreement and to send it to us promptly for signature.

3. Коммерческое письмо (продолжение)

3.1. *Коммерческое письмо (продолжение)*

Коммерческие письма пишутся, как правило, с соблюдением определённых требований. Каждая внешнеторговая организация пишет свои деловые письма на собственных бланках стандартного образца. Необходимыми составными частями каждого коммерческого письма являются:

а) заголовок письма, состоящий обычно из штампа отправителя,

б) внутренний адрес, т. е. наименование и адрес получателя письма,

в) город и дата отправления письма,

г) номера писем и различные ссылки,

д) содержание письма (основной текст),

е) заключительное приветствие,

ж) подписи,

з) приложения.

Заголовок обычно содержит:

а) название организации, от которой исходит письмо (т. н. штамп отправителя),

б) почтовый и телеграфный адрес,

в) номера телефонов,

г) название кодов,

д) номенклатуру главных товаров и т. п.

Внутренний адрес содержит наименование получателя (адресата), его полный адрес. Внутренние адреса писем, адресованных советским экспортно-импортным объединениям, можно писать по общепринятым правилам.

Примеры:

В/О Машиноимпорт
Москва
Смоленская пл. 32

В/О Союзпушнина
Москва
ул. Куйбышева 21

Город и дата отправления письма. Обычно справа, в верхней трети бланка, помещается название города или места, из которого письмо было отправлено, и дата отправления.

Дату можно писать по-разному, например: 30 марта 19.. г., причём цифру, обозначающую число, можно ставить в кавычки, например, «30» марта. В этих случаях после порядковых числительных точку не ставят. Писать сокращенно: 17. 11. 19.. г. или 18. 3. 19.. г. в коммерческой корреспонденции с зарубежными странами обычно не принято.

Номера писем и ссылки. В деловых письмах часто встречаются ссылки на Ваш № ... от ... и Наш № ... от ...

Обычно против обозначения места и времени отправления указывается, какого вопроса касается данное письмо, например:

относительно:
касательно: } поставки машин
касается:
кас.:

Как видно из примеров, слова «относительно», «касается», требуют родительного падежа.

Слова «касается», «относительно» и др. иногда могут отсутствовать.

Содержание письма (основной текст). Основной текст делового письма начинается вступлением, в котором коротко указывают причину составления этого письма или ссылаются на письмо или сообщение от ... или на устные переговоры и т. п. Каждая отдельная мысль основного текста начинается с новой строчки. Текст делового письма пишется по общим правилам оформления бумаг с соблюдением полей, красных строк, правил выделения абзацев, выделения наиболее важных мест при помощи различных приёмов и т. п.

Заключительное приветствие. Коммерческие письма, которые отправляются за пределы страны или пишутся торгпредством иностранным фирмам, обычно заканчиваются фразой:

«С уважением» или
«С глубоким уважением» (редко употребляется).

Часто письма заканчиваются просто подписями лиц, ответственных за их оформление.

соблюде́ние	observance, adherence
тре́бование	demand
со́бственный	own
со́бственность, -и	property, possession
дви́жимая ~	movable property
недви́жимая ~	real estate
госуда́рственная ~	state property
кооперати́вная ~	co-operative property
ча́стная ~	private property
обще́ственная ~	social property
бланк	form
запо́лнить ~	to fill up a form
образе́ц, -зца́	sample, pattern, model
составна́я часть	constituent part, component
заголо́вок письма́	letter heading
состоя́ть (из кого-чего) uv., -ои́т	to consist (of)
(1st and 2nd persons not used)	
штамп	imprint, firm's letter heading
отправи́тель, -я	sender
вну́тренний	internal, domestic
т. е. (то есть)	i.e. (that is)
наимнова́ние	designation, name
ссы́лка	reference, heading
заключи́тельный	final, concluding
~ое приве́тствие	complimentary close
~ое сло́во	last word, summary
заключе́ние	conclusion
~ сде́лки	conclusion of a business deal
~ догово́ра	conclusion of a contract
приложе́ние	enclosure
содержа́ть uv., -е́ржит	to hold, contain
(1st and 2nd persons not used)	
номенклату́ра	nomenclature
э́кспортно-и́мпортное объедине́ние	Export-Import Corporation (name of Soviet Foreign Organization)
общепри́нятый	generally accepted
ве́рхний	upper, top
треть, -и	a third
помеща́ть uv., -а́ю, -а́ешь	to place
помести́ть v., ещу́, -ести́шь	
отпра́вить v., -влю, -вишь	send off, dispatch
отправля́ть uv., -я́ю, -я́ешь	
обознача́ть uv., -а́ет	to indicate, designate
1st and 2nd persons not used)	

обозначе́ние	indication, designation
кавы́чки	quotation marks
поря́дковые числи́тельные	ordinal numbers
при́нято (не ~)	customary (not customary)
Не ~ так писа́ть.	It is not usual to write thus.
ука́зывать uv., -аю, -аешь	to point out, refer to
указа́ть, v., -ажу́, -а́жешь	
~ на недоста́тки	to point out deficiencies
каса́ться (кого-чего) uv., -а́юсь, -а́ешь-ся	to touch on, raise (problems)
косну́ться v., -у́сь, -ёшься	
каса́ется (кого-чего) (abbr. кас.)	
каса́тельно (кого-чего)	concerning, with reference to, ref.
относи́тельно (кого-чего)	
вступле́ние	introduction, foreword; entry (organization)
мысль, -и	thought
строка́	line
поля́ (Pl.)	margin (of book, page, etc.)
кра́сная строка́	fresh line, new paragraph
нача́ть с кра́сной (но́вой) строки́	to begin a new paragraph
выделе́ние абза́ца	to indicate the beginning of a new paragraph, to inset
преде́л	frontier, border
за преде́лы страны́	across the country's frontiers, abroad
прие́м	method, process; receipt; acceptance
торгпре́дство	trade representative
иностра́нный	foreign, external
уваже́ние	consideration, respect; honour
с уваже́нием	yours faithfully
с глубоким ~	yours faithfully
отве́тственный	responsible
за по́дписью (кого-л.)	signed
товарове́д	goods inspector, checker
до́лжность, -и	duties, functions
ско́бка	brackets
печа́ть, -и	seal, stamp
ста́вить ~	to stamp, seal
предприя́тие	enterprise, firm
торго́вое ~	commercial enterprise
разбо́рчивый	legible
перечисля́ть uv., -я́ю, -я́ешь	to enumerate, list
перечи́слить v., -лю, -лишь	

3.3. *Упражнения и задания*

3.3.1. *Прочитайте текст (3.1.) и выучите новые слова.*

3.3.2. *Ответьте на следующие вопросы:*

1. Какие основные части или элементы делового письма вы можете назвать?

2. Расскажите отдельно о каждой части делового письма.

3. Какими русскими словами можно выразить значение английских слов "with reference to (ref., re), concerning"?
   Употребите эти соответствующие русские слова в предложении.

4. Какие заключительные приветствия вы знаете?

5. Что вы можете сказать о подписи делового письма?

3.3.3. *Переведите эти словосочетания и просклоняйте их по отдельным падежам:*

(G. Sg./Pl.)   внешняя форма, интересная должность, заключённая сделка, наш новый запрос, ваш оформленный договор, государственное страхование, деловая связь, полученная справка;

(D. Sg./Pl.)   материальная затрата, современный материал, своевременная поставка, грамотное и обоснованное письмо, излишний разговор, изложенное содержание, упрощённая форма, наше заключённое соглашение, правильное и последовательное описание;

(Ak. Sg./Pl.)   художественная форма, повышенный приход (расход), погашенный долг, долголетние деловые связи, устойчивое сочетание, новый текущий счёт, политическая статья;

(I. Sg./Pl.)   товарный список, грамотное (точное, последовательное) выражение, всесоюзное объединение, оформленный заказ, испытательная машина, дополнительная поставка, заключённый контракт, направленный договор, отправленное письмо, нужная подпись, мой текущий счёт;

(Pr. Sg./Pl.)   нужное подтверждение, загруженный завод, новый клиент, проявленный интерес, главное управление, монополия внешней торговли, основной фонд (вопрос), хозяйственный расчёт, дословный (свободный) перевод.

3.3.4. *Подберите однокоренные слова и составьте с ними предложения:*

заключить, торговля, сделка, запрос, связь, получить, заключение, торговый, обозначать, стремиться, деловой, запрашивать, связывать, обозначение, стремление, получение, заключённый, связанный, пользоваться, загрузить, основа, направить, польза, союз, отправленный, полезный, загруженный, всесоюзный, направление, отправить, груз, основной, пользование, отправление, основательно.

3.3.5. *Назовите словообразовательные суффиксы вышеуказанных слов (3.3.4.)*

УРОК ЧЕТВЕРТЫЙ

4. Выражения и фразы, которыми начинаются коммерческие письма

4.1. *Выражения и фразы, которыми начинаются коммерческие письма*

1. Мы получили Ваше письмо от 10 апреля с. г.

2. Сегодня (вчера) мы получили Ваше письмо от 12 марта вместе с приложенными к нему документами.

3. Настоящим подтверждаем получение Вашего письма от 3 мая с. г. и сообщаем Вам, что . . .

4. Подтверждаем получение Вашего письма от 15 ноября и сообщаем Вам, что . . .

5. С благодарностью подтверждаем получение Вашего письма от . . . и принимаем к сведению Ваши сообщения о . . .

6. Подтверждаем поступление Вашего письма от . . . со всеми приложениями . . .

7. Просим подтвердить получение нашего письма от . . . и срочно сообщить нам о . . .

8. Ссылаясь на Ваше письмо от 10 ноября и на наши переговоры с Вашим представителем М. от 15 ноября, мы сообщаем Вам, что у нас нет . . .

9. В ответ на Ваше письмо от . . . просим Вас ещё раз проверить . . .

10. В связи с Вашим письмом (Вашей просьбой) сообщаем Вам, что мы в ближайшие дни . . .

11. Настоящим (при этом) направляем Вам по желанию заказной бандеролью наш новейший прейскурант, а также подробные чертежи сборки машин . . .

12. При этом высылаем Вам запрошенные Вами каталоги.

13. В ближайшие дни вышлем Вам заказным письмом (авиапочтой) необходимую Вам (запрошенную Вами) документацию.

14. При этом высылаем Вам ... Одновременно просим Вас ... *Simultaneously*

15. По Вашей просьбе направляем Вам ...

16. В приложении к настоящему письму направляем Вам по Вашей просьбе наши новейшие каталоги и образцы. *Samples*

17. Просим срочно отправить нам почтой (железной дорогой, пароходом, автомобилем) ... и подтвердить поступление нашего письма от 20 ноября.

4.2. *Слова и выражения*

мы получили	we have received, we have, we are in receipt of
с. г. (сего́ го́да)	of this year
приложи́ть (к чему-л.) v., -ожу́, -о́жишь прилага́ть uv., -а́ю, -а́ешь	to add, attach, join to
настоя́щим	herewith, hereby
благода́рность, -и	gratitude, thanks
с благода́рностью	gratefully, with thanks
принима́ть к све́дению	to take note of, note
принима́ть uv., -а́ю, -а́ешь	to accept, receive
приня́ть v., приму́, при́мешь	
проси́ть (кого-что, кого-чего) uv., -ошу́, -о́сишь	to ask, request
попроси́ть v.	
Про́сим подтверди́ть (написа́ть, сообщи́ть ...)	Please confirm ... (We would ask you to confirm ...) In correspondence the construction with the Imperative is almost invariably avoided by the use of "проси́ть".
ссыла́ясь на ... (see lesson 1)	referring to, with reference to
перегово́ры (Pl.)	discussion, negotiation
в отве́т на (что-л.)	in answer (to) in reply (to)
во исполне́ние (чего-л.)	in fulfilment
при э́том	herewith, attached enclosed
по жела́нию (= по про́сьбе)	as desired
заказно́е письмо́	registered letter
отпра́вить заказно́й бандеро́лью	to send in a registered wrapper (envelope)
~ заказны́м письмо́м	to send by registered mail (to register)

28

~ авиапо́чтой	to send by airmail
~ желе́зной доро́гой	to send by rail
~ парохо́дом	to send by seamail
прейскура́нт	price-list, prices current
подро́бный	complete
чертёж, -ежа́	drawing
сбо́рка	setting-up, assembling
вы́слать v., вы́шлю, вы́шлешь	to send (off)
высыла́ть uv., -а́ю, -а́ешь	
одновре́менно	simultaneously, at the same time
в ближа́ишие дни	in a few days
запро́шенный	requested, desired
сро́чно	urgently, without delay; punctually
тре́бовать (чего-л.; чтобы) uv., -бую, -буешь	to demand, claim, need
потре́бовать v.	(perf. only in meaning "to need")
тре́буемая документа́ция	necessary (required) documentation
поступле́ние письма́	arrival, receipt of a letter

4.3.   *Упражнения и задания*

4.3.1.   *Прочитайте, переведите и выучите вступительные выражения и фразы, которыми начинаются коммерческие письма (4.1.).*

4.3.2.   *Составьте предложения со следующими словосочетаниями,
используя слова из скобок.* (brachet)

1. Мы получили письма от (10 April of this year, 15 May of this year, 27
December of this year, 23rd inst., 17th inst.).

2. Настоящим мы (confirm the letter of 16 July).

3. Просим срочно (to confirm the receipt, arrival of the letter).

4. Мы немедленно (shall confirm the receipt, arrival of the letter).

5. (С, благодарность) мы подтверждаем получение Вашего письма от
25 апреля с. г.

6. (Ссылаться, на Ваше письмо) мы, к сожалению, должны сообщить
Вам, что наши заводы уже полностью загружены заказами.

7. В ответ на ... мы сообщаем Вам, что|у нас ещё нет Вашего подтверж-
дения (мы ещё не имеем ...).

8. В ближайшие дни мы (выслать авиапочтой каталог, прейскурант и
образцы).

4.3.3. *Назовите оба вида данных глаголов, проспрягайте их и придумайте с ними предложения в I лице (настоящего, прошедшего
и будущего времени) ед. и мн. числа:*

получить (письмо), подтверждать (заказ), выслать почтой (чертежи),
приложить (к письму чертёж), требовать (новейших каталогов), просить
(направить нам прейскурант), принять (к сведению сообщения), отправить (машины железной дорогой), ссылаться (на переговоры).

4.3.3. *Переведите:*

Настоящим

1. We hereby acknowledge your letter of 10 May of this year.

2. We have your letter of 22 July of this year and would inform you that
we shall send you the patterns and catalogue without delay. *без задержки*

3. Please confirm receipt of our letter without delay and inform us whether
you can (можете ли Вы) supply us with the machines.

4. Please acknowledge without delay receipt of our letter of 9th June of
this year as well as of the documents attached thereto. *а также ... приложение к ним*

5. We confirm with thanks receipt of your letter of 10 September of this
year and would inform you that we are sending today the catalogues
you require (by registered post. *заказной почтой.*
We have taken note of your remarks with reference to our last contract.
принял к сведению ваши замечания касающиеся

                                                Yours faithfully

6. All-Union Corporation Soyuzexport   ...., 20 March 19..
   Moscow

   Ref: Your letter of 10 February of this year

   Your above-mentioned letter reached us (поступило к нам) today, and
   we thank you very much (очень) for carrying out our request so speedily.
   We are sending you enclosed the required catalogues and drawings.

                                                Yours faithfully

7. Ref: Your letter of 10 July of this year

In response to your above-mentioned letter we would inform you that the required price-lists and the illustrated (иллюстрированный) catalogue were sent off as early as the 6 July of this year. We shall send you the drawings in the next few days.

Yours faithfully

8. Referring to your last letter and to our telephone conversation (разговор по телефону) of 23 August of this year we are sending you as requested the two catalogues you require.
Enclosed please find also the required drawings. We shall let you know in the next few days concerning all questions of interest to you in relation to the additional delivery of...

Yours faithfully

4.3.4. *Напишите письмо, используя следующие слова и словосочетания:*

подтверждать, по желанию, выслать иллюстрированные каталоги и прейскуранты, одновременно приложить к письму чертёж, требуемые документы, в ближайшие дни, подробный ответ, дополнительная поставка, относительно.

5. **Заключительные выражения и фразы**

5.1.   *Заключительные выражения и фразы*

1. В ожидании Вашего (скорого) ответа остаёмся

с уважением

2. Мы ожидаем Вашего ответа в ближайшие дни.

С уважением

3. В ожидании Вашего скорого ответа (Ваших сообщений, Вашего письма) остаёмся

с уважением

4. Надеемся, что Вы исполните нашу просьбу (что Вы пойдёте нам навстречу). Остаёмся

с уважением

5. Надеемся на скорый ответ и остаёмся

с уважением

6. В надежде на благоприятное решение нашего вопроса (на Ваше полное согласие, на скорый ответ), остаёмся

с уважением

7. Мы сделали всё зависящее от нас. Остаёмся

с уважением

8. Убедительно просим Вас не задерживать ответ.

С глубоким уважением

9. Просим извинить нас за задержку с ответом (за допущенную ошибку). Остаёмся

с уважением

10. Благодарим Вас заранее за услугу.

С уважением

11. С интересом ожидаем Ваших заказов и дальнейших сообщений.

С уважением

12. В ожидании Ваших дальнейших сообщений, остаёмся

с уважением

13. Надеясь (на то), что Вы в ближайшее время ответите нам, остаёмся

с уважением

14. Мы (очень) благодарим Вас за оказанную помощь (услугу, поддержку ...).

С уважением

15. С уважением

5.2.   *Слова и выражения*

в ожида́нии отве́та (= ожидая ответа)	awaiting your reply, looking forward to your reply, in anticipation of your reply
ожида́ние	expectation, anticipation
ожида́ть отве́та	to await an answer, look forward to an answer
ожида́ть (кого-чего), -а́ю, -а́ешь	to await, wait for
наде́ясь (на что-л.; на то, что; что ...)	hoping for; hoping that
~ на ско́рый отве́т	hoping for an early reply
~ на то, что Вы ...	hoping that you ...
~, что Вы ...	hoping that you ...
наде́яться (на что-л.; Inf.; на кого-что) uv., -е́юсь, -е́ешься	to hope (for), to rely on s.o., sth.
понаде́яться v.	
~ на по́мощь	to hope for help
Наде́юсь верну́ться к сро́ку.	I hope to return in good time, in time, punctually.
Мы наде́емся на это (на тебя, него, неё, Вас, них).	We rely on it (on you, him, her, you, them).
исполне́ние	fulfilment, execution
во исполне́нии (чего)	in execution ...
испо́лнить v., -ню, -нишь	to fulfil, execute, carry out
исполня́ть uv.	
благоприя́тный	sympathetic, favourable
согла́сие	agreement, consent
с (о́бщего) согла́сия	by, with (general) consent
вы́разить согла́сие	to express agreement

согласи́ться v., (-ашу́сь, -си́шься)	
1) на что-л.;	1. to agree to sth., be in agreement with, consent to sth.
2) с кем-чем;	2. to agree with, agree to
3) Inf.	3. to reach, come to an agreement
соглаша́ться uv., -а́юсь, -а́ешься	
~ на предложе́ние	to agree, consent to the proposal, offer
~ с его мне́нием	to agree with, share his opinion
~ уе́хать вме́сте	to agree, to arrange, to go away together
убеди́тельно (проси́ть)	(to request) urgently, insistently
заде́рживать uv., -аю, -аешь	to hold up, delay, protract
задержа́ть v., -ержу́, -е́ржишь	
извини́ть (кого́-л. за что-л.) v., -ню́, -ни́шь	to excuse, pardon
извиня́ть uv., -я́ю, -я́ешь	
допусти́ть v., -ущу́, -у́стишь	to permit, allow
допуска́ть uv., -а́ю, -а́ешь	
допу́щенная оши́бка	accident, slip
услу́га	favour, service
зара́нее	in advance
оказа́ть v., -ажу́, -а́жешь	to give (help, etc.)
ока́зывать uv., -аю, -аешь	

5.3.   *Упражнения и задания*

5.3.1.   *Прочитайте, переведите и выучите все выражения и предложения главы 5.1.*

5.3.2.   *Прочитайте и переведите:*

1.   ..., «20» марта 19... г.

В/О Станкоимпорт
Москва Г-200

Настоящим подтверждаем получение Вашего письма от 15 февраля с. г. и благодарим Вас за него.
Как Вам уже известно, мы очень заинтересованы в Ваших новых станках К-603 и П-200 и поэтому просим Вас срочно выслать нам чертежи и подробное описание с соответствующими фотоснимками.
В ожидании скорого ответа остаёмся

с уважением
(подпись)

В связи последней е-мэи
электрон почт

2.

Ссылаясь на Ваше письмо от 22 февраля, высылаем Вам наш новейший каталог и подробную спецификацию интересующих Вас тканей. *fabrics*
Мы надеемся на получение от Вас заказа и остаёмся

с уважением

3.

В связи с Вашим письмом от 10 марта посылаем при этом требующиеся Вам образцы и новейший прейскурант.
В ожидании Вашего скорого ответа, остаёмся

с уважением

4.

В ответ на Ваше письмо от 28 марта сообщаем Вам, что запрошенные Вами копии счетов №№ ... будут высланы в ближайшие дни.
Что касается станка К-603, то его описание Вы найдёте на стр. 36 иллюстрированного каталога, который мы при этом пересылаем Вам.
Мы с интересом ожидаем Ваших заказов и остаёмся

с уважением

5.3.3. *Составьте предложения со следующими словосочетаниями (в настоящем, прошедшем и будущем времени):*

подтвердить получение письма, просить выслать каталог, принимать к сведению, приложить к письму копии счетов, отправить авиапочтой (заказной бандеролью), ожидать ответа, надеяться на благоприятное решение, благодарить за услугу, послать в ближайшем будущем, ответить срочно, исполнить просьбу, убедительно просить, передать подробное описание

5.3.4. *Напишите самостоятельно 2 письма, используя несколько словосочетаний главы 5.3.3.*

5.3.5. *Переведите:*

1. We have your letter of 20th instant and would inform you that we shall be sending our representative to you in the next few days to examine the question (вопрос). We look forward to a satisfactory solution to the above-mentioned matter.

Yours faithfully

2. Referring to your latest inquiry of... we are sending you our revised illustrated catalogue and the exact specification of the tools in which you are interested.

Looking forward to an order in the near future, we remain,

Yours faithfully

3. We thank you for the information you have given us and trust that you will also give us your support in the future. Regarding the supply of the above-mentioned goods, we look forward with interest to your order.

Yours faithfully

5.3.6. *Разговор*

Представитель внешнеторгового предприятия «ОП» беседует с представителем советского внешнеторгового объединения.

Н. — Здравствуйте, Иван Петрович!
   Когда же вы приехали?

П. — Сегодня утром. Я приехал поездом, три дня провёл в Варшаве, а теперь останусь у вас на неделю. Свою служебную поездку я приурочил к своему отпуску, совместил, как говорится, приятное с полезным.

Н. — Желаю вам приятно провести у нас ваш отпуск.

П. — Спасибо. Я приехал к вам, чтобы окончательно договориться с вами относительно изготовления и поставки запчастей по заказу 56/702.

Н. — Мы уже договорились с нашим заводом как об изготовлении, так и о поставке этих запчастей.

П. — Значит, дело продвигается и мы сможем в скором времени подписать договор.

Н. — Да, конечно. Наш завод может немедленно приступить к изготовлению этих деталей.

П. — Мы вам очень признательны за это.

Н. — Это мы считаем своей обязанностью. Теперь следует только договориться о том, когда можно будет подписать договор.

П. — Хорошо. Я позвоню вам из торгпредства. Пока разрешите пожелать вам всего хорошего.

Н. — Спасибо. До скорого свидания.

5.3.6.1. *Задания*

1. Прочитайте, переведите и выучите этот разговор.
2. Поставьта 10 вопросов к содержанию разговора.
3. Перескажите содержание этого разговора.

5.3.6.2. *Некоторые слова и выражения*

провести́ v., -еду́, -едёшь — to spend (time)
  проводи́ть uv., -ожу́, -о́дишь
  (провёл, ела́, о́; и́)
служе́бный — official, service
соедини́ть v., -ню́, -ни́шь — to unite, combine
  соединя́ть uv., -я́ю, -я́ешь
о́тпуск — holiday, leave
  в о́тпуске, в отпуску́ — on holiday, on leave
приуро́чить (что к чему) v., -чу, -чишь — to combine (in time)
  приуро́чивать uv., -аю, -аешь
  ~ о́тпуск к ... — to combine the holiday with ...
совмести́ть поле́зное с прия́тным — to combine business with pleasure
договори́ться (о чём-л.) v., -рю́сь, -ри́шься — to reach, come to an agreement, to agree on sth.
  догова́риваться uv., -аюсь, -аешься
изготовле́ние — manufacture
изгото́вить v., -о́влю, -о́вишь — to manufacture
  изготовля́ть uv., -я́ю, -я́ешь
запасна́я часть (сокр. запча́сть) — component, spare part
продвига́ться uv., -а́юсь, -а́ешься — to advance, progress
  проди́винуться v., -нусь, -нешься
в ско́ром вре́мени — soon, shortly
приступи́ть (к чему) v., -уплю́, -у́пишь — to begin, make a start on sth.
  приступа́ть uv., -а́ю, -а́ешь
  ~ к де́лу — to come to the point
действи́тельный — real, actual, practical; valid
призна́тельный — (to be) grateful, thankful, beholden
обя́занность, -и — duty, obligation
посо́льство — embassy
торгпре́дство — trade representation
  (= торго́вое представи́тельство)
разреши́ть v., -шу́, -ши́шь — to allow, permit; decide; solve
  разреша́ть uv., -а́ю, -а́ешь

6.   Простые краткие письма (сообщения, просьбы и т. д.)

6.1.   *Простые краткие письма (сообщения, просьбы и т. д.)*

Довольно часто в торговой практике применяются сравнительно короткие письма коммерческого характера. В них сообщаются различные факты, как напр., отгрузка товара, получение писем или товара, сообщение о предварительной приёмке товара и т. п. Для составления таких писем обычно пользуются трафаретными выражениями.

Примеры:

1. Сообщаем Вам, что мы получили высланные Вами ... декабря документы в полном порядке.

2. К нашему сожалению Ваше сообщение от ... было получено нами с большим опозданием.

3. Настоящим сообщаем Вам о получении отгруженных Вами сверлильных станков.

4. Сообщаем, что одновременно с этой почтой мы посылаем Вам заказной бандеролью прочую документацию относительно цен.

5. Настоящим сообщаем Вам, что в связи с Вашим письмом от 27 ноября мы посылаем запрошенные Вами образцы.

6. Просим Вас поставить нас в известность о ...

7. Просим Вас сообщить нам (информировать нас) о принятых Вами мерах.

8. Сообщаем Вам, что Ваше письмо от ... разошлось с нашим письмом от 17 декабря.

9. Сообщаем, что мы не получили упомянутого Вами письма от ... и поэтому ...

10. К сожалению, мы вынуждены сообщить Вам о неточном оформлении Вами железнодорожных накладных.

11. Сообщаем Вам, что товар, авизованный Вашим письмом от ... мы получили в полной сохранности.

12. Ссылаясь на Ваше письмо от 20 мая, сообщаем Вам, что мы не в состоянии поставить Вам ...

13. В ответ на Ваше письмо от 15 мая ставим Вас в известность, что мы не принимаем на себя обязательства.

14. На Ваше письмо от ... сообщаем, что мы не несём ответственности за ..., и просим Вас принять действенные меры относительно ...

15. Просим сообщить нам, приемлемо ли сделанное нами предложение ...

16. Просим ускорить (учесть; обратить внимание на; принять во внимание) ...

17. Настоящим просим сообщить нам ...

18. Имея большую заинтересованность в закупке Ваших товаров, просим Вас выслать нам Ваши новые каталоги.

19. Надеемся, что Вы остались довольны нашим предложением и просим Вас сообщить нам ...

6.2. *Слова и выражения*

дово́льно	enough; quite, very
дово́льно ча́сто	very frequently
примени́ть v., -еню́, -е́нишь	to use, employ
применя́ть uv., -я́ю, -я́ешь	
сравни́тельно	comparatively, relatively
отпра́вка	dispatch, forwarding
предвари́тельный	temporary, provisional
~ая приёмка	provisional acceptance
приёмка (това́ра)	acceptance, taking over, taking delivery (of goods)
трафаре́тный	stereotyped, model
опозда́ние	lateness, delay
опозда́ть v., -а́ю, -а́ешь	to delay, be late, miss
опа́здывать uv., -аю, -аешь	
~ на пять мину́т	to arrive five minutes too late, to be five minutes late
~ на по́езд	to miss the train
отгрузи́ть v., -ужу́, -у́зишь	to ship, dispatch
отгружа́ть uv, а́ю, -а́ешь.	
отгру́зка	shipment, dispatch
ме́сто отгру́зки	place of shipment
отгру́зочный	shipping, dispatch (adj.)
отгру́женный	shipped, loaded

39

сверли́льный стано́к	drilling lathe
с э́той по́чтой	by the same post
про́чий, -ая, -ее	other, remaining
(по)ста́вить в изве́стиость	to inform
настоя́тельно (= убеди́тельно)	urgently, insistently
принима́ть (приня́ть) ме́ры	to take measures
разойти́сь (с чем-л.) v., разойдётся, -ду́тся (no 1st and 2nd persons) (разошёлся, -шло́сь, -шла́сь) расходи́ться, uv., -о́дится, -о́дятся	to cross; to separate, come apart, disperse, scatter; to part
упомяну́ть (кого-что, о ком-чём) v., -яну́, -я́нешь упомина́ть uv., -а́ю, -а́ешь	to mention, name
нето́чный	wrong, incorrect
железнодоро́жный	railway (adj.)
накладна́я, -о́й	consignment note
уведомля́ть uv., -я́ю, -я́ешь уве́домить v. -млю, -мишь	to inform, advise, bring to the notice of s.o.
~ о вре́мени прие́зда	to advise, notify the time of arrival
авизова́ть v., -зу́ю, -зу́ешь	to advise, inform
сохра́нность, -и	completeness, undamaged state
в по́лной ~ -и	completely undamaged
быть в состоя́нии	to be able, be in a position
обяза́тельство	obligation, duty
принима́ть на себя́ ~	to take the obligation, duty on oneself
не ~ ~ ~ ~ -а	to refuse to assume the obligation
отве́тственность, -и (за кого-что)	responsibility
нести́ ~	to bear the responsibility
де́йственный	effective, appropriate
~ ые ме́ры	effective measures
прие́млемый	acceptable
Прие́млемо ли это?	Is that acceptable?
уско́рить v., -рю, -ришь ускоря́ть av., -я́ю, -я́ешь	to hasten
уче́сть v., учту́, учтёшь учи́тывать uv., -аю, -аешь	to take into account, bear in mind
Про́сим уче́сть, что ...	Please bear in mind, that ...
Просим учесть всё это.	We would ask you to take all this into account.
заинтересо́ванность, -и (в ком-чём)	interest (in)
быть заинтересо́ванным (в ком-чём)	to be interested in s.o. or sth.
Мы заинтересо́ваны в уско́ренной поста́вке ...	We are interested in the rapid delivery of ...
дово́льный (кем-чем)	satisfied, content
Мы оста́лись дово́льны.	We were satisfied.

отде́льный	separate, individual, special
вы́слать отде́льной по́чтой	to send by separate post
в тече́ние (ме́сяца, неде́ли ...)	in the course (of), within
со дня	from the day ... onwards
преде́льная цена́	best price
принадле́жность, -и	accessories
включи́ть v., -чу́, -чи́шь включа́ть uv., -а́ю, -а́ешь	to insert, include; to switch on (motor, light, etc.); to enter (in the minutes)
включа́я (кого-что)	inclusive, included
~ сто́имость упако́вки	cost of packing included
~ сего́дняшний день	including today
включе́ние	inclusion
с ~ием	with the inclusion
исключи́ть v., -чу́, -чи́шь исключа́ть uv., -а́ю, -а́ешь	to exclude
исключа́я (кого-что)	exclusive, excluding, with the exclusion of
~ упако́вку	excluding packing
сто́имость, -и	price, value, cost
упако́вка	packing
поку́пка	purchase, buying, acquisition
срок	date, period, time
~ поста́вки	delivery date
усло́вие	condition
усло́вия гара́нтии	conditions of guarantee
~ платежа́	conditions of payment
~ поста́вки	conditions of delivery
да́нные	data, information
мо́щность, -и	performance, capacity
произво́дственная ~	productive capacity, productivity, efficiency
рабо́тать на по́лную ~	to work to full capacity (making full use of productive capacity)
испо́льзование произво́дственных мо́щностей	full employment of productive capacity
в настоя́щее вре́мя	at present, at the present time
склад	stock, warehouse
име́ть на скла́де	to have in stock
шерсть, -и	wool
шерстяно́й	made of wool, woollen
шёлк	silk
шёлковый	made of silk, silk
платёж, -а́	payment
ко́пия	copy
счёт, Pl. счета́, -о́в	account

Упражнения и задания

6.3.1.   *Прочитайте, переведите и выучите данные предложения главы 6.1.*

6.3.2.   *Прочитайте и перескажите содержание следующих писем:*

1.

В ответ на Ваше письмо от 25 марта и ссылаясь на телефонный разговор с Вашим представителем господином К. от 10 февраля, высылаем Вам отдельной почтой заказной бандеролью запрошенные Вами иллюстрированные каталоги, а также подробное техническое описание и чертежи станка В-104. Цены на станки указаны в каталоге.
В ожидании Вашего скорого ответа остаёмся

с уважением

2.

Настоящим сообщаем Вам, что эти изделия могут быть поставлены Вам в течение двух — трёх месяцев со дня заключения контракта.
Минимальные (предельные) цены в каталоге указаны на изделие со всеми необходимыми принадлежностями, включая стоимость упаковки.
Мы с интересом ожидаем Вашего заказа.

С уважением

3.

Мы очень заинтересованы в закупке Вашей машины и поэтому просим Вас сообщить нам о минимальных ценах, сроке поставки, условиях гарантии и о данных мощности.
Просим также сообщить (нам), возможна ли поставка этой машины уже в I квартале с. г.
Надеясь на срочный ответ, остаёмся

с уважением

4.

Благодарим Вас за Ваше письмо от ... и сообщаем, что мы в настоящее время имеем на складе как шерстяные, так и шёлковые ткани высшего качества.
Наши условия платежа и поставки остаются такими же, как и по заказу от ...
О Вашем решении просим нас информировать.

С уважением

6.3.3.   *Назовите оба вида и проспрягайте глагол данного вида в пред-*
        ложениях:

поставить, применять, опоздать, отгрузить, пользоваться, ставить, принимать, использовать, упоминать, уведомить, авизовать, закупать, предложить, платить, ускорить, учесть, интересоваться, выслать, включить, исключать, иметь на складе, благодарить, показать, заказать, сообщать, надеяться, подождать, ожидать.

6.3.4.   *Переведите:*

1. We are very interested in your products and would therefore ask you to send us the most recent catalogues.

2. We hope that you were satisfied with our offer and the samples we sent you.

3. You must bear in mind in this case that we supply the machines inclusive of accessories.

4. We are not responsible for the manufacture of the lathes and would therefore request you to approach the factory itself.

5. I would request you to take effective measures to ensure punctual shipment in future.

6. We would be grateful if you would inform us without delay whether our offer is acceptable to you.

7. We cannot take on this obligation as at the moment our factories have a completely full order book.

8. We regret to have to inform you that both the railway consignment note and the other shipping documents were incorrectly made out (prepared).

9. At present we are unfortunately not in a position to supply you with the materials mentioned by the date you specify.

10. Your products arrived with considerable delay, although we agreed by telephone that the goods purchased would be delivered by the 10th of this month.

11. Ref: your letter of 10 May of this year

In response to your above-mentioned letter we are having sent to you by the same post, registered, the required copies of the statements as well as one copy of the contract.

At the same time we would urgently request you once more to reply to our inquiry of 5 April of this year as we are interested in a quick decision on this question.

Yours faithfully

12. Ref: your letter of 25 May of this year

We are sending you enclosed a precise description of our latest machine tool.

At the same time we give you the required data on performance and guarantee as also the price of the machine including accessories.

We look forward with interest to your order and remain

Yours faithfully

6.3.5.   *Дополнительные упражнения*

a) Переведите и дополните (контроль на стр. 199)

1. We would inform you that we ...

2. We note (acknowledge receipt of) your communication of ... and will do all in our power to ...

3. We would inform you (wish to inform you) that we have duly received the samples and price-lists which you sent us on ... and intend ...

4. We refer to your letter of ... and would inform you that ...

5. We take the liberty of informing you that your offer is unacceptable to us, as ...

6. We acknowledge with thanks receipt of your letter of ... instant, but regret to have to inform you that our representative ...

7. We refer to your letter of ... and send you herewith a copy of the statement No. ... of ...

8. We have your letter of ... of this year and have noted the attached documents. We are unable to share your opinion in this particular case, since you ...

9. In response to your letter of ... May of this year we are sending you the illustrated catalogues you desire as well as current price-lists. In anticipation of an early reply

We remain, Yours faithfully

10. Please inform us by return of post when you dispatched the first consignment of the goods ordered.

11. The information which we brought to your notice is absolutely reliable and requires no further checking.

12. We would be most obliged if you would let us have your views concerning ... Since the order depends on the clarification of this question, we would ask you to reply without delay.

Yours faithfully

13. We would inform you that we shipped the last consignment of this quarter on ... March of this year. We are most grateful to you for your further orders, and remain

Yours faithfully

14. We find ourselves obliged to ask you once again to inform us punctually and precisely when the goods will be taken over.

15. Hoping for a favourable decision in the matter in question we would ask you once more to excuse the misunderstanding, and remain

Yours faithfully

16. We hereby draw your attention to the fact that we sent the necessary price documents by return of post (registered).

17. We would urgently request you to inform us of the steps you have taken so that we on our side can take corresponding effective measures.

18. We hope that you will be satisfied with these proposals and would ask you too to reconsider your attitude and grant us some concessions.

6.3.6. *Прочитайте ещё раз (без словаря) разговор главы 5.3.6. и составьте сами подобный разговор.*

Запрос

7. Запрос

7.1. *О запросе*

Под запросом понимается коммерческое письмо, рассылаемое импортирующей или заинтересованной стороной возможному деловому партнёру с целью, чтобы узнать возможность поставки определённого товара, сырья и т. п.

В запросе покупатель обычно указывает наименование, вид, качество и количество нужного ему товара, место и срок поставки, условия платежа и род упаковки.

Запрос, таким образом, является информационным деловым письмом и служит ознакомлению с новыми видами товаров и ценами на них.

Логическим ответом на запрос покупателя должно быть предложение (офферта) продавца. Но не всегда так бывает. На практике мы можем встретиться и с кратким письмом, которое является всего лишь простым ответом на запрос. В подобных письмах продавец, например, извещает покупателя о невозможности поставки интересующего покупателя товара и мотивирует свой отказ или посылает торговую или техническую документацию (каталоги, прейскуранты, чертежи и т. п.), даёт согласие на поставку ограниченного количества товара или обещает отправить офферту и т. д.

Запросы обычно делаются на основании каталогов, объявлений в журналах и газетах, проспектов и информаций, полученных на выставках или ярмарках.

7.2. *Некоторые вступительные выражения запросов:*

1. Просим сообщить нам о возможности поставки следующих товаров: ...

2. Просим Вас сделать (прислать) нам предложение на комплектное оборудование сахарного завода (предложить нам) ...

3. Просим сообщить нам, каковы в настоящее время Ваши цены на ...

4. Настоящим просим срочно сообщить нам, по какой цене и в какой кратчайший срок Вы можете поставить комбайны (штук ..., марки ...)

5. Просим также сообщить Ваши условия платежа и поставки.

6. Настоящим просим выслать нам предложение на поставку ...

7. Просим сообщить нам Ваши условия поставки и цены на следующие товары: ...

8. На основании торгового соглашения, заключённого ... 19.. г. в ..., мы предполагаем закупить ...

9. Когда и на каких наиболее выгодных условиях Вы могли бы поставить нам ...?

10. Мы купили бы у Вас ..., если бы ...

11. Обращаемся к Вам с просьбой прислать нам, в возможно короткий срок, образцы тканей, указанных в приложении.

12. По какой минимальной цене Вы могли бы принять заказ на поставку ...

13. Просим сообщить нам, не смогли бы Вы поставить ...

14. Ссылаясь на Ваше вышеуказанное письмо, просим Вас прислать нам предложение на товары, перечисленные в приложенном списке.

15. Возвращаемся к нашему письму от ... и просим сообщить нам, не смогли бы Вы поставить упомянутый товар ежемесячно равными партиями в течение четырёх месяцев со дня выдачи заказа.

16. Просим сообщить нам, какую скидку Вы сможете предоставить нам с цены брутто при платеже наличными (немедленной оплате по инкассо).

17. Сообщаем, что поставленные Вами по договору № 219 от 15 марта с. г. 12 станков модели К-25, в виде пробной партии, вполне удовлетворили нас и наших заказчиков.

18. Благодарим Вас за пересланный нам каталог № 42 на 19.. г. Мы заинтересованы в Ваших тракторах модели МВ 81 и поэтому просим Вас сделать нам предложение на 42 трактора упомянутой модели.

запро́с (на что-л.)

~ на ко́жу
~ относи́тельно ко́жи
(с)де́лать ~ (кому́-л.)
запроси́ть (кого-л., что-л. о ком-чём) v.,
-ошу́, -о́сишь
запра́шивать uv. -аю, -аешь
~ мне́ние дире́ктора
запро́сы (Р.)
~ покупа́телей
больши́е культу́рные ~
рассыла́ть (кому́-л.) uv., -а́ю, -а́ешь
разосла́ть v., разошлю́, -шлёшь
сырьё
ка́чество
коли́чество
вид
род (= вид)
цена́ на това́р
подо́бный
в подо́бном слу́чае
извести́ть (кого-л. о чём-л.) v. -ещу́,
-ести́шь
извеща́ть uv., -а́ю, -а́ешь
ограни́ченный
объявле́ние
вы́ставка
отказа́ть (кому́-л. в чём-л.) v., -ажу́,
-а́жешь
отка́зывать uv., -аю, -аешь
Он отказа́л мне в про́сьбе.
компле́ктное обору́дование
сро́чно (сообщи́ть)
Мы ~ нужда́емся в этих маши́нах.

в како́й срок
предполага́ть uv., -а́ю, -а́ешь
предположи́ть v., -ожу́, -о́жишь
Мы ~аем закупи́ть у Вас ...

вы́годный
на ~ых усло́виях
по возмо́жности неме́дленно

---

inquiry, demand, question; request for
information
inquiry about, concerning, for leather
in relation to leather
to address, submit an inquiry to s.o.
to inquire of s.o. about, for sth.;
to direct an inquiry to s.o.; to ask
about sth.
to ask the manager's opinion
demands, requirements, needs
customers' requirements
advanced cultural requirements
to send (to various places), to distribute

raw materials
quality
quantity
kind, sort, type; aspect

price of goods
like, such, similar
in a case of this kind, in such a case
to inform, bring to the notice of

limited, restricted
advertisement
exhibition
to refuse s.o. sth.

He rejected my request.
complete equipment
quickly, urgently (to inform)
We urgently require, need these machines
by what date
to propose, intend, have the intention

We intend, propose to buy from you
...
favourable
on favourable terms
as soon as possible

взять на себя′ поста′вку	to take delivery
перечи′сленный	listed, enumerated, quoted
спи′сок, -ска	list
возврати′ть v., -ащу′, -ати′шь	to return, give back
возвраща′ть uv., -а′ю, -а′ешь	
Я ~ ему′ э′ту па′ртию.	I return this consignment to him.
возврати′ться v., -ащу′сь, -ати′шься	to come back, return
возвраща′ться uv., -а′юсь, -а′ешься	
~ к письму′	to refer to the letter
ежеме′сячно	monthly
ра′вные па′ртии	equal partial deliveries
вы′дача зака′за	the giving of an order, placing of an order
ски′дка	reduction, rebate, discount
~ с цены′	price reduction
сде′лать (предоста′вить) ~у	to grant, allow a reduction, a discount,
плати′ть нали′чными	to pay cash
неме′дленная опла′та	spot payment, immediate payment
(по) инка′ссо с неме′дленной опла′той	cash against documents with subsequent acceptance
в ви′де про′бной па′ртии	as sample consignment
вполне′	completely
удовлетвори′ть (кого-что) v., -рю′, -ри′шь	to satisfy
удовлетворя′ть uv., -я′ю, -я′ешь	
комите′нт	giver of an order, customer
скалькули′ровать v., -рую, -руешь	to calculate
калькули′ровать uv.	
преде′льно скалькули′рованное предложе′ние	keenly priced offer

●

7.4.   *Упражнения и задания*

7.4.1.   *Прочитайте и перескажите текст главы* 7.1.

7.4.2.   *Поставьте 10 вопросов к содержанию текста* (7.1.).

7.4.3.   *Прочитайте, переведите и выучите предложения и фразы, которыми начинается запрос* (7.2.).

7.4.4. *Переведите:*

1. Please give us a quotation without delay for 40 tractors corresponding to Model 25 B of your latest catalogue.

2. Please inform us without delay of your price and shortest delivery date for supplying us with 10 Combines, Type ...

3. Please inform us of your current prices for summer suits and summer dresses.

4. On the basis of the Trade Agreement of 25 October 19.. and of the protocol for the current year we intend to purchase wool and silk materials in large quantities. Please let us have an offer without delay (by return) with favourable conditions of delivery and payment. We would welcome it if you could deliver during this quarter.

5. Please send us an offer in triplicate for 50 typewriters, Model ... in accordance with your catalogue for the year 19.. Please also attach to the offer a detailed technical description.
Awaiting your early reply, we remain
Yours faithfully

7.4.5. *Переведите дополнительно (контроль на стр. 200):*

1. We refer to your inquiry of 10th instant and would inform you that we shall shortly send you the required price-list which is at present being revised and completed.

2. With reference to your letter of 20 May we regret to have to inform you that we cannot at the moment let you have an offer as all technical questions in connection with this project have not yet been cleared up.

3. In reply to your inquiry of 25 June of this year we would inform you that we are in principle most ready to let you have the required offer for ...; we would ask you, however, to be patient for a little longer.

4. We have asked our trade representation to get in touch with you and clarify the question which has been left open.

5. We are regretfully not in a position to let you have the offer you requested since our supply services for the time being are at full stretch with orders. Please approach us again at a later date.

6. We have forwarded your inquiry to the Foreign Trade Organization ... as the latter is competent for the goods in question. We are competent for fancy goods only.

7. We very much regret that raw material shortage prevents us from executing your order at the moment. We hope, however, in the foreseeable future to be able to place a firm offer before you.

8. In reply to your inquiry of ... we would inform you that we sent you yesterday by registered post an additional copy of the statement of ... No. ... as well as a copy of the Contract No. ... which was concluded on ...

9. In reply to your letter of ... we would inform you that on ... of this year our representative, Mr N. will call on you in order to hand over to you personally our offer and to give you information on all questions which are of interest to you.

10. At the moment we have no further supplies of ... at our disposal. At the appropriate time we shall come back to your inquiry.

11. With reference to your previous inquiry of ... re the abovementioned articles we are sending you our latest brochures on ... At the moment we cannot send you the catalogues you desire as they are still being printed, but we shall endeavour to do so as quickly as possible.

7.4.6.   *Составьте на основе следующих данных письма на русском языке:*

1. Сообщите В/О «Машиноимпорт», что предварительная приёмка товара по договору № ... от ... будет производиться (дата) в ... часов, заводом ... (адрес) ... (по улице ...), и попросите выслать инспектора-приёмщика или уполномоченного объединения.

2. Составьте ответ В/О «Машиноимпорт», в котором подтвердите получение письма и одновременно сообщите, что к назначенному времени предварительной приёмки универсальных экскаваторов марки «Х» оно направит своего инспектора-приёмщика (имя, отчество и фамилия).

3. Торговое предприятие «Текстилькоммерс, 108 Берлин, сообщает В/О Разноэкспорт, Москва, что заказанные им кожаные домашние туфли могут быть высланы не ранее, чем через 30 дней. Причина: Обувной завод «Патриот», Эрфурт, не получил своевременно необходимого

материала. Запросите, согласен ли «Разноэкспорт» на упомянутую отсрочку.

4. «Виратекс», Берлин, сообщает В/О «Разноэкспорт», что собирается отправить большой скоростью заказанные образцы капроновых чулок и носков из нового сорта нитей, отличающихся большой прочностью. «Виратекс» сообщает, что цены повышены на 5%, и просит В/О «Разноэкспорт» сообщить свою точку зрения.

7.4.6.1. *Некоторые слова*

производи́ться uv., -во́дится, -во́дятся (no 1st and 2nd persons)	to be carried out, be produced, take place, follow
приёмка (поста́вка) това́ра произво́дится ...	receipt (delivery) of the goods will take place
инспе́ктор-приёмщик	goods inwards checker
назна́чить (вре́мя) v., -чу, -чишь назнача́ть uv., -а́ю, -а́ешь	to fix, determine (e.g. time); to nominate
экскава́тор	excavator
ко́жа	leather
о́бувь, -и	footware
обувно́й	shoe (adj.)
согла́сен, согла́сна; -ы (на что-л.; с кем, чем-л.)	to be in agreement with (s.o. or sth.)
отсро́чка	delay, extension of time
ско́рость, -и	speed
отпра́вить большо́й ско́ростью	to send, forward, dispatch express
капро́н	Kapron (a man-made fibre)
чуло́к, -лка́ (Pl. чулки́, чуло́к)	stocking
носо́к, -ска́ (Pl. носки́, носко́в)	sock
нить, -и	yarn
про́чность, -и	durability
повы́шен, а, о; ы (short form)	raised

7.4.7. *Разговор по телефону*

между представителем В/О «Машприборинторг» и директором конторы внешнеторгового предприятия «Файнмеханик-Оптик».

— У телефона Иванов. Здравствуйте, тов. Шульце! Я бы хотел поговорить с директором.

— К сожалению его нет, он в командировке, но его замещает заместитель директора тов. Нейман. Я позову его к телефону.

— Хорошо.

— Здравствуйте тов. Иванов. Какой у вас вопрос?

— Речь идёт о подписании договора на дополнительную поставку запчастей согласно вашему предложению.

— Я уже в курсе дела.

— Мы готовы подписать договор, только просим вас ещё раз проверить, нельзя ли сократить срок поставки хотя бы на два месяца. В пятницу мы хотим прийти к вам, чтобы окончательно договориться по этому вопросу.

— Хорошо. Мы ещё раз рассмотрим все возможности сокращения срока поставки и подготовим всё к пятнице.

— Благодарю вас, товарищ Нейман. До свидания.

— До свидания, товарищ Иванов.

7.4.7.1. Задания

1. Прочитайте, переведите и выучите этот разговор.

2. Поставьте 10 вопросов к содержанию этого разговора.

3. Перескажите этот разговор.

4. Напишите сами разговор подобного содержания.

7.4.7.2. Некоторые слова и выражения

по телефо́ну	by telephone
говори́ть по телефо́ну (с кем)	to telephone
(по)звони́ть ~ (кому)	to call s.o.
разгово́р ~	telephone conversation
вы́зов	a call
телефо́н за́нят	the number is engaged
конто́ра	office
вы́звать v., вы́зову, -вешь	to summon, fetch, call;. to cause, evoke
вызыва́ть uv., -а́ю, -а́ешь	
~ к телефо́ну	to call to the telephone
~ из ко́мнаты (кого́-л.)	to call s.o. from the room
~ с совеща́ния (кого-л.)	to call s.o. from a conference
командиро́вка	official trip
быть в ~e	to be on an official trip

верну́ться из ~и	to return from an official trip
командиро́вочные (Pl.)	travelling expenses
командиро́вочное удостовере́ние	official travel permit
замеща́ть (кого-что) uv., -а́ю, -а́ешь	to represent, substitute, replace
замести́ть v., -ещу́, -сти́шь	
~ секретаря́ но́вым	to replace one secretary by another
~ мета́лл пластма́ссой	to substitute plastic for metal
Кто замеща́ет дире́ктора?	Who is representing the director?
замести́тель	deputy
~ дире́ктора (мини́стра)	deputy director, deputy minister
Како́й у вас вопро́с?	What is it about?
Речь идёт о ...	It is about, it concerns ...
согла́сно (чему-л.)	in accordance with, according to
быть в ку́рсе де́ла	to know about, be in the picture
хотя́	although (here: at least)
торгпре́д (= торго́вый представи́тель)	trade representative
сокраще́ние	abbreviation; shortening
~ сро́ка поста́вки	shortening the delivery date

8.   Запросы (письма)

8.1.   *Письма*

Ваш № ...   Наш № ...   ..., «15» марта 19.. г.

В/О «Станкоимпорт»
Москва, Г-200
Смоленская Сенная, 32/34

Кас.: поставки сверлильных станков.

Настоящим подтверждаем получение Вашего каталога № 39 на 19.. г.,
за который Вас очень благодарим.

Мы заинтересованы в Ваших сверлильных станках модели 245 В/К и
поэтому просим выслать (разработать) предложение на 15 шт. вышеупомянутых станков.

Просим приложить к предложению все необходимые чертежи и подробное описание.

Надеемся на скорый ответ и остаёмся

                                        с уважением

2.

Кас.: поставки пшеницы.

Просим сообщить нам, не смогли бы Вы поставить нам в счёт взаимных
поставок на 19.. г. в первом квартале 35 000 т и во втором квартале
20 000 т пшеницы.

Просим выслать нам соответствующее предложение. Пшеница должна
быть обычного торгового качества:

натурный вес ... кг в гектолитре, посторонней примеси не более ... %.
Ввиду срочности этого вопроса просим Вас ответить нам как можно
скорее.

                                        С уважением

3.

Кас.: запроса на поставку грузинских и армянских табаков.

На основании торгового соглашения, заключённого (дата) в Москве,
мы предполагаем закупить у Вас по примеру прошлых лет ... тонн
армянских и грузинских папиросных табаков. Поэтому просим прислать
нам, по возможности немедленно, Ваше предложение.

Для выполнения нашей производственной программы нас удовлетворили бы следующие сроки поставок: январь, март, июнь и ноябрь, в первой половине каждого месяца, приблизительно по ... тонн. Хотя качество Ваших табаков нам известно, не откажите нам в любезности и пришлите образцы табаков последнего урожая.

В ожидании Вашего предложения на поставку табаков с подробными условиями, остаёмся

с уважением

8.2.   *Слова и выражения*

в счёт	to the account
взаи́мный	mutual, reciprocal
соотве́тствующий	corresponding
нату́рный вес	pure weight
кг	kg
посторо́нний	foreign, additional
при́месь, -и	impurities, additives
ввиду́	in view of
~ сро́чности	in view of the urgency
любе́зность, -и	goodness, kindness
хотя́	although
всё же	nevertheless

8.3.   *Упражнения и задания*

8.3.1.   *Прочитайте и переведите письма главы 8.1.*

8.3.2.   *Поставьте 10 вопросов к содержанию этих писем и переска-жите содержание каждого письма.*

8.3.3.   *Переведите и выучите* (контроль на стр. 201):

1. Please let us know by return what are the possibilities of your supplying wheat.

2. Please be good enough to let us know the current prices for ...

3. We intend to order calculating machines. Please send us the latest catalogues and price-lists.

4. What are the most favourable conditions of supply you can offer?

5. We refer to your advertisement in the periodical "Foreign Trade" No. ... of 19.. and would ask you to be good enough to give us your most keenly priced offer for ...

6. At the Leipzig Fair (Spring and Autumn Fair) we examined your exhibition of household articles; we would now like to return to our conversation and ask you for your best quotation for ...

7. We would approach you once more with the request to send us as quickly as possible a sample selection of the above-mentioned goods.

8. What are the lowest prices at which you would undertake to supply us with ... ?

9. Will you please also enclose with your offer the relevant (appropriate) samples?

10. Please inform us of the lowest prices and delivery date for supplying us with ...

11. We place great importance on an early delivery of your machines.

12. We know from previous deliveries the faultless quality of your goods and would like to promise you that we shall also buy from you in future.

13. Is it possible for you to deliver the article within two months?

14. to have a requirement, to grant a rebate, to give a rate of discount, to enclose instructions for use, it might be in your interest, to indicate conditions of delivery and payment, to keep to the delivery date, best price, capacity of the machine, we place great stress on, to place at the disposal, to inform, delivery must be effected, net and gross price, transport charges, with all necessary accessories, most keenly calculated quotation, inclusive and exclusive, order.

8.3.4. *Переведите:*

1. At the Leipzig Fair we had the opportunity of looking at your ehibition of household articles and of talking to your representative, Mr K. We would now like to return to our conversation with Mr K and ask you for a keen quotation for ...

Enclosed please find a list of those household articles which we would like to buy. We would be grateful for an early reply.

Yours faithfully

2. We refer to your advertisement in the periodical "Foreign Trade" No. ... of 19.. and would request you to let us have quickly your keenest quotation for the machines indicated in the attached list.
Please attach to your offer an exact specification as well as instructions for use.
Please give the price for each machine separately.
Looking forward to an early reply, we remain

Yours faithfully

8.3.5. *Дополнительный материал для упражнения:*

1. Ссылаясь на Ваш запрос от 20 марта с. г. мы вынуждены сообщить Вам, что в ближайшее время, к сожалению, не сможем сделать Вам предложение на запрашиваемую вами машину.

2. Благодарим за Ваше письмо от ..., с которым Вы посылаете нам смету на монтаж (сборку) Вашей машины.

3. На основе имевшей место переписки и личных переговоров с Вашим представителем, г. Д., просим Вас выслать нам предложение на поставку ...

4. С благодарностью подтверждаем получение Вашего запроса от ... на поставку (относительно поставки) 10 счётных машин модели ... и 5 пишущих машинок модели ...

5. Наши комитенты нуждаются в изделиях, перечисленных в прилагаемом списке.
Просим прислать нам предложение на ...

6. Желательно, чтобы Вы произвели установку Ваших машин на нашем заводе.

7. Просим указать в предложении цены на условиях фоб Росток, включая морскую упаковку.

8. Нам хотелось бы незамедлительно узнать, будет ли нам предоставлена скидка с цены брутто. Одновременно просим указать кратчайший срок поставки.

9. Просим сообщить нам, какую Вы гарантируете производственную мощность вышеупомянутых машин.

10. Просим поставить нас в известность, сможете ли Вы поставить предложенные Вами товары ежемесячно равными партиями в течение мая, июня, июля и августа.

11. Касается: запроса на поставку речных судов и землесоса. Ссылаясь на наши телефонные переговоры от 23 февраля с. г., просим сообщить, можете ли Вы взять на себя поставку речных судов и землесоса, а именно:

   1) одного буксира,

   2) одного пассажирского парохода,

   3) одного землесоса,

   в течение 10 месяцев со дня выдачи заказа.

   Одновременно просим указать нам цены сиф. Если Вы можете поставить нам буксир, пассажирский пароход и землесос на упомянутых условиях, просим прислать нам Ваше твёрдое предложение. В Вашем ответе просим сообщить нам также о порядке страхования отгруженного товара. Мы согласны, чтобы страхование было осуществлено Вами за наш счёт. Стоимость страхования будет оплачена нами особо при расчёте.
   В ожидании Вашего сообщения остаёмся

   с уважением

12. Просим сообщить о возможности поставки нам около ... тонн озимой пшеницы в течение одного месяца со дня выдачи заказа. Мы могли бы подтвердить цену ... фоб Ленинград.
   Если указанный запрос может быть Вами принят на этих условиях, просим прислать нам Ваше твёрдое предложение.
   В Вашем ответе просим сообщить нам, кем будет оформлено страхование отгруженного товара. Мы согласны, чтобы страхование было осуществлено Вами за наш счёт. В ожидании Вашего сообщения

   с уважением

13. Настоящим просим срочно сообщить нам, по какой цене и в какой кратчайший срок Вы можете поставить нам Ваши комбайны ... штук, марки ..., а также плуги тракторные ... штук, марки ...
   Цены просим указать франко граница, просим также сообщить нам условия платежа и поставки.

8.3.5.1. *Задания:*

1. Прочитайте и переведите предложения и письма главы 8.3.5.
2. Перескажите содержание писем (11., 12., 13.).
3. Выучите новые слова и словосочетания.
4. Напишите сами запрос, используя большинство новых слов нижеследующего списка.

8.3.5.2. *Некоторые слова*

сме́та	estimate
устано́вка	fixing, setting up; establishment
сбо́рка	setting up, assembly
име́вшая ме́сто перепи́ска	previous correspondence
счётная маши́на	calculating machine
произвести́ (производи́ть uv.) устано́вку	to carry out the installation
фоб	f.o.b. (free on board)
поста́вка фоб	delivery f.o.b.
цена́ фоб	price f.o.b.
го́дный	suitable
перево́зка	shipping, transporting
предоста́вить v., -а́влю, -а́вишь предоставля́ть uv., -я́ю, -я́ешь	to grant, allow
~ ски́дку	to allow a rebate, discount
су́дно, Pl. суда́, -о́в	ship
землесо́с (землесо́сная маши́на)	suction dredge
букси́р	tug
сиф	c.i.f. (price includes all costs as far as port of destination, including insurance and freight)
твёрдое предложе́ние	firm offer
ози́мая пшени́ца	winter wheat
тра́кторный плуг	tractor plough

9. Ответ на запрос

9.1. *Фразы и письма*

1. В ответ на Ваш запрос от ... сообщаем Вам, что наш представитель Вам лично передаст запрошенное Вами предложение на игрушки и детально проинформирует Вас по всем вопросам поставки.

2. Мы получили от нашего представителя информацию, что Вам потребуется в скором времени большое количество яровой пшеницы и ячменя. Настоящим предлагаем Вам ...

3. Перед выдачей Вам заказа нам хотелось бы ещё выяснить некоторые подробности в отношении условий платежа и гарантии.

4. Товар может быть отгружен в течение 4 месяцев равными партиями с отклонением 20% в сторону увеличения или уменьшения.

5. Мы гарантируем Вам безукоризненное выполнение заказа в точно установленные сроки.

6. В ответ на Ваш запрос от ... предлагаем Вам запрошенную Вами машину для скоростного резания металла.

7. Что касается цены, то она остаётся без изменения, как была в нашем договоре от ...

8. Отгрузку мы смогли бы начать в следующем месяце, однако при условии, что заказ Ваш будет получен нами не позднее 25 апреля с. г.

9. В/О «Станкоимпорт»
   Москва

   Кас.: Вашего запроса от ...

   В ответ на Ваш (вышеупомянутый) запрос относительно машин для скоростного резания металла, сообщаем Вам, что в ближайшее время выезжает в Москву наш представитель г-н К., который передаст Вам лично запрошенное Вами предложение и детально выяснит с Вами все вопросы, касающиеся поставки. Мы просим Вас обратить особое внимание также на наши новейшие усовершенствованные станки модели ..., фотоснимки которых Вы найдёте в приложении к иллюстрированному каталогу, который мы посылаем Вам с этой почтой.

С уважением

10. Кас.: Вашего запроса от ...
Сообщаем Вам, что мы, к сожалению, не можем предложить Вам на второй квартал с. г. запрошенные Вами радиоприёмники марки ... в количестве ... штук. Это количество радиоприёмников мы смогли бы только поставить в 3—4 кварталах.

С уважением

11. Уважаемый тов. Щульце,
В связи с Вашим письмом № ... от 12 июля с. г., направленным в В/О «Разноимпорт» по вопросу поставки в 19.. году специальных подводных кабелей, сообщаем Вам, что упомянутые в Вашем письме типы кабелей на наших предприятиях в настоящее время не вырабатываются и поэтому мы лишены возможности поставить их.

С уважением

9.2. *Слова и выражения*

игру́шка	toy
тре́боваться (кому-чему) uv., -буется, -буются (no 1st and 2nd persons) потре́боваться v.	to need, require
Заво́ду тре́буются рабо́чие, слу́жащие и инжене́ры.	The factory needs workers, office staff and engineers.
ярова́я пшени́ца	summer wheat
вы́дача зака́за	placing of an order
ячме́нь, -я	barley
вы́яснить v., -ню, -нишь выясня́ть uv.	to clear up, clarify
подро́бность, -и	detail
до́пуск (отклоне́ние) с отклоне́нием 10%	admission; tolerance, variation with a variation of 10%
увели́чить v., -чу, -чишь увели́чивать uv., -аю, -аешь	to increase
уме́ньшить v., -шу, -шишь уменьша́ть uv., -а́ю, -а́ешь	to decrease, reduce
безукори́зненный	perfect, faultless
установи́ть v., -овлю́, -о́вишь устана́вливать uv., -аю, -аешь	to fix, determine
скоростно́е ре́зание мета́лла	high-speed metal cutting

измени́ть v., -еню́, -е́нишь изменя́ть uv., -я́ю, -я́ешь	to change
не поздне́е 25 ма́рта с. г.	on, by 25 March at the latest
усоверше́нствовать v., -вую, -вуешь соверше́нствовать uv.	to complete, perfect
по́вод	occasion, cause, motive
по по́воду	as regards, on the basis of, as a result of; on the occasion of
подво́дный ка́бель	submarine cable
лишён, лишена́; ы́ (кого-чего)	to be deprived (of a possibility)
Мы лишены́ возмо́жности посети́ть его́.	We are deprived of the possibility of visiting him.

9.3.   *Упражнения и задания*

9.3.1.   *Прочитайте и переведите предложения и письма главы 9.1.*

9.3.2.   *Перескажите содержание писем (9.1.9.—11.).*

9.3.3.   *Переведите:*

1. We can guarantee you a faultless (perfect) execution of the order. We would ask you to discuss details with our representative, Mr K.

2. Shipment could begin as early as next month provided we receive your order by 15th of this month.

3. In response to your inquiry of 20th instant we offer you the desired machines on the most advantageous conditions (terms).

4. As far as the price is concerned we are able to inform you that it remains unchanged.

5. Before placing the order we would like to clarify some further details, particularly in regard to the conditions of payment.

6. As Mr K has informed us, you need (require) a larger quantity of ...
We are prepared to supply you with these products on favourable terms.

7. Mr ... will give you next week precise information on the details of our transaction.

8. Unfortunately we are unable at the moment to supply the stipulated quantity of the required products since our works are already at full stretch with orders for the second quarter. We could meet your requirements in the third quarter.

9.3.4. *Составьте на основании следующих данных письма на русском языке:*

1. To the inquiry of a Soviet Trade Organization "Maschinenexport", Berlin, replies that the two excavators, in which the Soviet Trade Organization is interested, can be supplied but not now in the current quarter of this year. A delivery date of three months from signature of the contract is requested. In the course of the next few weeks a detailed, firm offer along with the relevant technical documents will be sent.

2. Write a polite rejection of an inquiry for a particular line of goods (leather goods, textile products, household articles) taking into account the following reasons:

   (a) The external trade organization at the last Spring Fair accepted a largish contract from a foreign firm, so that no further productive capacity is available in the second and third quarters. The firm is asked to say quickly if it is interested in delivery in the fourth quarter or in the first quarter of the coming year. On receipt of reply an appropriate offer will be sent.

   (b) Since at the moment insufficient materials are available the order could be put in hand only in the following year. The date desired for the additional delivery is too short to obtain the necessary quantities of materials and to manufacture the extra products. The firm is asked to consider whether it is in agreement with the delivery date proposed.

9.3.5. *Подберите к следующим существительным однокоренные глаголы, назовите оба вида глаголов и 1 и 2 лица ед. числа и 3 лицо мн. числа:*

1) предложение, 2) заключение, 3) исполнение, 4) страхование, 5) оформление, 6) обеспечение, 7) изыскание, 8) получение, 9) хранение, 10) предопределение, 11) обоснование, 12) устранение, 13) содержание, 14) изложение, 15) упрощение, 16) усвоение, 17) соглашение, 18) преувеличение, 19) обращение, 20) пользование, 21) погашение, 22) сочетание, 23) сообщение, 24) сокращение, 25) стремление, 26) выяснение, 27) дополнение, 28) поставка, 29) направление, 30) подписание, 31) ожидание, 32) благодарность, 33) подтверждение, 34) рассмотрение, 35) сожаление, 36) загрузка, 37) интерес, 38) установление, 39) повышение, 40) увеличение, 41) снижение, 42) уменьшение, 43) предупреждение, 44)

основание, 45) перечисление, 46) исключение, 47) перевыполнение, 48) объяснение, 49) соединение, 50) затруднение, 51) отгрузка.

9.3.6.   *Назовите оба вида глаголов следующих словосочетаний и образуйте предложения со страдательными причастиями настоящего, прошедшего и будущего времени по следующему образцу (предложить товар — предлагать товар):*

стр. пр. наст., прош. и будущего вр.(нес. вид)

прош. и будущего вр. (сов. вид)

а) *Предлагаемый* нам *этой фирмой* товар вплоне соответствует нашим требованиям.
Товар, *предлагаемый* нам *этой фирмой*, соответствует нашим требованиям.

а) *Предложенный* этой *формой* товар вполне соответствует нашим требованиям.
Товар, предложенный этой фирмой, вполне соответствует нашим требованиям.

б) Кем *предлагается* этот товар? Вашей фирмой?

б) Этот товар *предложен* его *фирмой*. Эта машина уже *предложена* им нашим представителем К.
Эти станки им также *предложены*.

в) Товар *предлагался* (будет предлагаться) нами.

в) ... был предложен
... было предложено
... была предложена
... были предложены
... будет предложен, -а, -о
... будут предложены

1) заключить договор, 2) исполнять заказы, 3) застраховать товар, 4) оформлять контракты, 5) обеспечить поставку, 6) устранить недостатки, 7) излагать условия, 8) упростить правила, 9) использовать возможности, 10) погасить долг, 11) сократить срок поставки, 12) выяснять вопросы, 13) поставлять текстильные изделия, 14) направить заказное письмо, 15) подтвердить поступление заказа, 16) отгрузить товар, 17) повысить цены на товар, 18) снизить расходы по себестоимости, 19) увеличить товарные поставки, 20) перевыполнить производственный план, 21) перечислить документы в приложения, 22) уменьшить поставки.

9.3.7. *Разговор*

— Нас, товарищ К., интересуют некоторые сорта ваших конфет. Мы хотели бы дополнить наш ассортимент конфетных изделий советскими конфетами. Могли бы вы поставить нам несколько тонн конфет сортов высшего качества согласно вашему проспекту?

— Конечно, можем. Вы уже знаете сорта и качество наших конфет?

— Знаю. В прошлом году в Москве я попробовал их, а наши потребители узнали их на осенней ярмарке в Лейпциге, где они продавались.

— Какие сорта и какое количество вас интересуют?

— Что касается сортов, нас интересуют те сорта, что вы указали в проспекте. А что касается количества, то мы предполагаем закупить у вас 20 т.

— Ну что же, такое количество мы можем поставить.

— Очень рад. Только, будьте добры, пришлите нам, как обычно, предложение, а я между тем договорюсь с нашим директором конторы о некоторых подробностях заказа.
Надеюсь, что мы сможем заключить контракт в течение двух недель.

— Отлично. Через два дня вышлю Вам твёрдое предложение.

— Спасибо, товарищ К., и до свидания.

— Всего хорошего.

9.3.7.1. *Некоторые слова*

допо́лнить v., -ню, -нишь	to complete
дополня́ть uv.	
ассортиме́нт	assortment, selection
~ това́ров	selection of goods
бога́тый ~ това́ров	extensive selection of goods
по ~у	assorted
конфе́та	sweets, confectionery
вы́сшее ка́чество	highest quality, first-class goods
потреби́тель, -я	consumer
я́рмарка	fair
осе́нняя ~	autumn fair
весе́нняя ~	spring fair
на я́рмарке	at the fair

прода́ть v., прода́м, -да́шь, -да́ст,   to sell
  -дади́м, -дади́те, -даду́т
  продава́ть uv., -даю́, -даёшь
закупи́ть (= купи́ть) v., -куплю́,   to buy, purchase
  -у́пишь
  закупа́ть uv., -а́ю, -а́ешь
  заку́пка (= поку́пка)
присла́ть v., -шлю́, -шлёшь   to send (here)
  присыла́ть uv., -а́ю, -а́ешь
заключи́ть (догово́р) v., -чу́, -чи́шь   to conclude (contract)
  заключа́ть uv., -а́ю, -а́ешь
не по́зже (поздне́е) двух дней   in two days at the latest
отли́чно   excellent(ly)

Предложение и ответ на него

10. Предложение

10.1. *О предложении*

Предложение — это письменное заявление одного лица (продавца), обращённое к другому лицу, о готовности заключить с ним договор на определённых условиях.

Предложение должно содержать основные условия будущего договора, например:

1. Наименование предлагаемого товара

2. Цену (за количество или вес товара)

3. Срок поставки

4. Способ упаковки и маркировки

5. Стоимость доставки

6. Способ расчёта или уплаты и т. п.

В современной практике различают два вида предложений:

1. *Твёрдое предложение* оформляется продавцом лишь для одного возможного покупателя с указанием срока, в течение которого продавец связан этим предложением. Если в течение этого срока покупатель выразит своё согласие с предложением (т. е. последует акцепт предложения), то сделка считается заключённой.

2. *Свободное предложение*, т. е. предложение «без обязательств» со стороны продавца, рассылается одному или нескольким возможным покупателям. Если покупатель примет условия такого предложения, то сделка считается заключённой. Покупатель иногда использует форму свободного предложения, желая ознакомиться с положением на определённом рынке.

Содержание как твёрдого, так и свободного предложения состоит из двух частей:

а) из мотивировки предложения (т. е. почему собственно предложение делается) и

б) из самого предложения с изложением основных условий будущего договора.

10.2. *Некоторые фразы для начала писем*

1. В ответ на Ваш запрос от ... касательно поставки ... сообщаем, что мы можем поставить нужное Вам количество конфет в течение 3-х месяцев со дня выдачи заказа по той же цене и на тех же условиях, что и в прошлом году.

2. Ссылаясь на переговоры нашего представителя, тов. Д., с Вашим представителем, тов. Н., состоявшиеся 4 марта с. г. в Лейпциге, направляем Вам при этом предложение на поставку ...

3. Посылаем Вам запрошенное Вами предложение без обязательства на ... и просим Вас, если Вы заинтересованы в указанной партии товара, срочно телеграфировать нам ответ.

4. Настоящим передаём Вам наше предложение и надеемся, что оно будет внимательно Вами рассмотрено. По истечении 30 дневного (тридцатидневного) срока наше предложение теряет силу.

5. Предлагаем Вам с немедленной отгрузкой 5000 т пшеницы в соответствии с Протоколом о взаимных поставках товаров на 19.. г.

6. На основе имевшей место переписки и переговоров по телефону с Вашим представителем, г. И., препровождаем Вам запрошенное Вами предложение на поставку 5-и многоковшовых экскаваторов модели ...

7. В ответ на Ваш запрос от ... высылаем Вам твёрдое предложение на револьверные станки модели АДК 35, согласно приложенной спецификации.

8. Перед выдачей заказа нам хотелось бы ещё выяснить с Вами некоторые подробности как в отношении срока поставки, так и в отношении условий платежа.

9. Касается: предложения на поставку марганцевой руды.
Подтверждая с благодарностью получение Вашего запроса от ... на поставку марганцевой руды, сообщаем, что мы можем предложить Вам ... тонн на следующих условиях:

70

1. Качество остаётся таким же, как указано в нашем контракте от ... за № ...

2. Поставка будет производиться нами равномерно по ... тонн в месяц, начиная с июня с. г.; таким образом, поставка всей партии должна быть закончена в декабре с. г.

   При этом мы оставляем за собой право отклонения от указанного количества в пределах 10% как в отношении общей поставки, так и помесячно, как в сторону сокращения, так и в сторону увеличения, с тем, однако, что поставка будет закончена в указанный срок.

3. Цена за тонну ... фоб Щецин.

4. Условия платежа: те же, что и в предыдущем контракте от ... за № ...

   Все прочие условия — согласно нашему письму от ...

   В ожидании Вашего ответа остаёмся

   с уважением

1.03. *Слова и выражения*

заявле́ние	declaration; application
сде́лать ~	to make a declaration
пода́ть ~	to hand in an application (make an application)
заяви́ть (что, о чём) v., заявлю́, зая́вишь	to express, declare; to report
заявля́ть uv., -я́ю, -я́ешь	
~ проте́ст	to enter a complaint
~ о жела́нии	to express a wish
акцепта́нт	person accepting
акце́пт	acceptance
упла́та	payment, settlement
уплати́ть v., -ачу́, -а́тишь	to pay, settle
упла́чивать uv., -аю, -аешь	
доста́вка	delivery
доста́вить v., -влю, -вишь	to deliver
доставля́ть uv., -я́ю, -я́ешь	
рассы́лка	distribution
подлежа́ть (чему) uv., -жу́, -жи́шь	to be subject to
~ обме́ну	to be subject to exchange, to be exchanged
~ обложе́нию нало́гами	to be subject to taxation
взаи́мный обме́н	mutual, reciprocal exchange, barter
твёрдое предложе́ние	firm offer

быть свя′занным (чем)	to be bound (by sth.)
свобо′дное предложе′ние (= предложе′ние без обяза′тельства)	open offer
приобрести′ v., -ету′, -етёшь приобрета′ть uv., -а′ю, -а′ешь	to get, obtain, acquire (buy); to acquire (significance)
состоя′ться v., -и′тся, -я′тся (no 1st and 2nd persons) (= произойти′/происхо- истече′ние [ди′ть uv.)	to take place expiry, expiration
по ~ии сро′ка	after expiry of the term
по ~ии не′которого вре′мени	after (the expiry of) some time
исте′чь v., -чёт, -ку′т (no 1st and 2nd persons)	to expire
истека′ть uv., -а′ет, -а′ют (истёк, истекла′)	
срок ве′кселя истёк	the bill has matured
срок па′спорта истека′ет	validity of the passport expires
теря′ть (си′лу) uv., -я′ю, -я′ешь потеря′ть v.	to lose (validity); to expire, become in- valid
препровожда′ть uv., -а′ю, -а′ешь препроводи′ть v. -жу′, -ди′шь	to send (herewith), enclose
многоковшо′вый экскава′тор	multibucket excavator
револьве′рный стано′к	rotary turning lathe
ма′рганцевая руда′	manganese ore
равноме′рно	regularly, equally
оста′вить v., -влю, -вишь оставля′ть uv., -я′ю, -я′ешь	to leave
~ вопро′с откры′тым	to leave the question open
~ без внима′ния	to ignore, neglect
~ де′ло, как оно есть	to leave the matter as it is
~ за собо′й пра′во	to retain the right
отклоне′ние	rejection, refusal
поме′сячно	monthly
сокраще′ние	reduction
сократи′ть v., -щу′, -ти′шь сокраща′ть uv., -а′ю, -а′ешь	to shorten, make smaller, reduce
предыду′щий	previous
инстру′кция по рабо′те (по эксплуата′- ции)	operating instructions
устра′ивать uv., -аю, -аешь устро′ить v., -о′ю, -о′ишь	to please, satisfy
Это меня′ устра′ивает.	I like that.

10.4. *Упражнения и задания*

10.4.1. *Прочитайте и переведите текст, вступительные фразы и письма главы 10.1.2.*

10.4.2. *Выучите новые слова и фразы* (10.2.3.) *и перескажите содержание текста* (10.1.).

10.4.3. *Перескажите содержание письма* (10.2.9.).

10.4.4. *Переведите:*

1. We refer to our telephone conversation with your representative, Mr K., and herewith place before you the following offer with regard to . . .

2. We send you herewith the offer you asked for concerning . . . The offer will be binding on us until 30 June of this year.

3. In response to your inquiry of . . . we are sending you an open offer re . . . and would ask you to let us know immediately whether you are interested in the purchase of the products mentioned.

4. Before placing the order we would like to clarify with you some further questions concerning the delivery period and also in relation to the terms of payment.

5. We hereby confirm receipt of your offer of . . . concerning the supply of rotary lathes and would ask you in this connection to answer the following questions . . .

6. Your offer of . . . is unacceptable to us as the price is significantly higher than for the last delivery. We would request you to reconsider the price.

7. Ref: Your inquiry of 20th inst.
   We refer to your above-mentioned letter and hereby offer you our "Moskvitch" private car, . . . H. P., at a price of . . . free frontier station. Delivery date: 4 months from signature of contract. Payment through spot cash arrangements in accordance with the General Conditions of Delivery and Payments.
   We hope that our offer is acceptable to you and we await your order.

Yours faithfully

Enclosures:

1 detailed technical description, including drawings
1 operating instructions

8. Ref: Supply of rotary lathes DAR 29

We thank you for your offer of ... and would inform you that we have examined it thoroughly and that it is generally satisfactory to us.

Before placing the order we would, however, ask for an answer to the following questions:

1. What price have you fixed ex-works, f.o.b. Rostock, including packing for carriage by sea? Please give separate price for the machine and for each individual accessory.

2. Since payment is to be cash, please let us know the amount of the account.

2. What performance do you guarantee for the machine?

4. Are you also able to supply us with spare parts and electrical equipment for the machine?

We await your early answer and remain

Yours faithfully

10.5.   *Дополнительный материал для упражнения:*

10.5.1.   *Разговор о внутренней торговле СССР*

Три ответственных работника внутренней торговли отправились в СССР, чтобы на месте ознакомиться с организацией оптовых баз ширпотреба как районных, так областных и краевых.

Они находятхя в управлении оптовой базы и обращаются к служащему с просьбой сообщить директору об их приходе.

Директор дружественно принимает их, и они беседуют:

— Здравствуйте, товарищ директор. Мы очень рады вашему приглашению.

— Здравствуйте, дорогие товарищи! Очень рад, что вы пришли. Садитесь, пожалуйста. Вы курите? Пожалуйста! (директор предлагает папиросы)

— Когда же вы приехали?

— Неделю тому назад мы прилетели самолётом. Полёт был приятным. Мы остановились в гостинице «Москва».

— Хорошо. Ну, с чего же вы предполагаете начать, товарищи? Наверно вас многое у нас интересует?

— Это трудно сказать. Поэтому мы в вашем полном распоряжении.

— В таком случае я вам сначала расскажу немного об общей структуре нашей внутренней торговли. Как вы, наверное, уже знаете, внутренняя торговля делится у нас на государственную и кооперативную. Кроме того, существуют колхозные рынки. Государственная внутренняя торговля, в свою очередь, разделяется на торговлю оптовую и розничную.

— Это и у нас так. Что является основной единицей государственной розничной торговли?

— Основной единицей государственной розничной торговли является магазин, во главе которого находится заведующий. Он ведёт все дела магазина и отвечает за работу.

— А кому подчинены лавки, палатки, ларьки и киоски?

— Они, конечно, также входят в состав розничной сети.

— Кто руководит магазинами?

— Розничные магазины объединены в особые организации — так называемые торги. Они руководят магазинами и снабжают их товарами.

— Различаются ли эти торги также по видам товаров?

— Да. Они различаются по отраслям торговли. Имеются торги промышленными товарами (промторги), торги смешанные, торги пищевыми продуктами (пищеторги) и др.

— А кому эти торги подчиняются? Какой-то вышестоящей организации?

— Они подчиняются непосредственно торговым отделениям местных Советов, а через них главным управлениям (главкам) Министерства торговли.

— Нас интересует еще структура ваших оптовых баз.

— У нас имеется широкая сеть оптовых баз и складов. Они размещены почти по всей стране. При этом основным типом оптовой торговли нужно считать сбыточные организации промышленности, т. н. сбыты, которые имеются при промышленных министерствах.
А теперь, товарищи, предлагаю вам пройти по всем отделениям базы, где вы ознакомитесь подробно и с организацией, и со складом.

— Это как раз то, что нужно. Мы вам очень благодарны.

10.5.2. *Задания*

1. Прочитайте этот разговор и выучите новые слова.
2. Перескажите содержание разговора.
3. Попробуйте сами написать подобный разговор.
4. Переведите этот разговор письменно и сделайте обратный перевод на русский язык.

10.5.3. *Некоторые слова*

отве́тственный (за кого, за что)	responsible
опто́вый	wholesale
опто́вые заку́пки	wholesale purchase
опто́вая торго́вля	wholesale trade
о́птом	in quantity, wholesale
оптови́к, -а́	wholesaler
ширпотре́б (= това́ры широ́кого потребле́ния)	mass consumption (mass consumption goods, consumer goods)
прихо́д	arrival, arrival of goods
приглаше́ние	invitation
С чего́ нам нача́ть?	What shall we begin with?
распоряже́ние	disposal, disposition; order
быть в распоряже́нии (кого-л.)	to be at s.o.'s disposal
име́ть кого-л. в своём ~	to have s.o. at one's disposal
предоста́вить в чьё-л. распоряже́ние	to place at s.o.'s disposal
ро́зничный	retail
ро́зничная торго́вля	retail trade
~ прода́жа	retail sale
ро́зничный магази́н	retail sale outlet
~ торго́вец, -вца	retailer
~ покупа́тель	retail buyer
~ -ые це́ны	retail prices
в ро́зницу	retail, in small quantities
едини́ца	unit, unit of measurement
завма́г (= заве́дующий магази́ном)	shop manager
отвеча́ть (за кого-что-л.) uv., -а́ю, -а́ешь	to be responsible (for s.o., sth.), to answer for sth.
подчини́ть v., -ню́, -ни́шь	to subordinate, place under
подчиня́ть uv., -я́ю, -я́ешь	
ла́вка	small shop, kind of kiosk
ларёк, -рька́	booth, stand
овощно́й ларёк	vegetable stand
фрукто́вый ~	fruit stand
пала́тка	selling stand, market booth
соста́в	composition, make-up

сеть, -и	net
руководи́ть (кем-чем) -ожу́, -ди́шь	to direct, manage
~ магази́ном	to direct, manage a business
объедини́ть v., -ню́, -ни́шь	to unite, combine
объединя́ть uv., -я́ю, -я́ешь	
торг (= торго́вая организа́ция)	trade organization (with special reference to district)
снабжа́ть uv., -а́ю, -а́ешь	to supply, equip
снабди́ть v., -жу́, -ди́шь	
о́трасль, -и	branch (industry, etc.)
сме́шанный	mixed
пи́ща	food
пищевы́е проду́кты	foodstuffs, produce
ме́стный	local
отделе́ние	section
гла́вное управле́ние	supreme direction, top authority
размести́ть v., -щу́, -сти́шь	to set up, distribute
размеща́ть uv., -а́ю, -а́ешь	
сбыт	outlet, distribution
ры́нок сбы́та	market, market area
не находя́щий сбы́та	unmarketable
сбытово́й	marketing
сбыть v., сбу́ду, сбу́дешь	to market, sell
сбыва́ть uv., -а́ю, -а́ешь	
и с ним, и с ней	both with him and with her

УРОК ОДИННАДЦАТЫЙ

11.   Предложения (письма)

11.1.   *Письма*

1.

Внешнеторговой организации «Текстилькоммерс»
108 Берлин
Почтовый ящик № 1206
Кас.: поставки коротковолокнистого хлопка
В связи с Вашим запросом от 20 марта с. г. предлагаем Вам в счёт взаимных поставок на 19.. г. 350 тонн коротковолокнистого хлопка по образцам № 7 и № 9, которые мы отправили в Ваш адрес с этой почтой.
Цена: Руб. ... (прописью) за тонну франко вагон советско-польская пограничная станция.
Срок поставки: названные (запрошенные) Вами сроки, т. е. в III—IУ кварталах равными партиями.
Условия платежа: инкассо с немедленной оплатой. В остальном действуют «Общие условия поставок».
Просим сообщить нам ответ в кратчайший срок.

С уважением
(подпись)

2.

«Дейче генуссмитель-гезельшафт импорт-экспорт»
общ. с огр. отв.
108 Берлин
Фридрихштрассе 62
Касается: предложения на поставку грузинских и армянских табаков
В ответ на Ваш запрос от ... с. г. относительно поставки ... тонн грузинских и армянских табаков посылаем Вам наш новейший прейскурант. Мы обращаем Ваше внимание на то, что цены на некоторые сорта грузинских табаков несколько выше, чем цены на мировом рынке. Это незначительное повышение вполне оправдано лучшим качеством табаков урожая текущего года.
Одновременно с настоящим письмом посылаем Вам по почте образцы наших табаков. Просим обратить особое внимание на некоторые сорта как грузинских, так и армянских табаков. К образцам табаков мы при-

ложили и образцы тарной ткани. Названные Вами сроки поставок (с отгрузкой в начале каждого месяца в количестве приблизительно ... тонн) будут выдержаны. В интересах своевременной поставки товаров просим не задержать ответ.

С уважением
(подпись)

3.

Относительно: Вашего письма от 26. 1. 19.. г.

В ответ на Ваше письмо относительно запроса на поставку сельскохозяйственных машин сообщаем следующее:

1. Мы согласны поставить Вам 40 тракторов, 30 молотилок и 27 сеялок. В приложении к письму Вы найдёте техническую документацию на эти сельскохозяйственные машины, а также их фотоснимки.

2. Цены на эти машины Вы найдёте также в приложении к письму.

3. Мы согласны осуществить перевозку товара морским путём за свой счёт. Поставка товара будет производиться нами в течение 2-х месяцев со дня подписания договора (контракта). Если мы придём к заключению договора в течение этого месяца, то мы сможем поставить все сельскохозяйственные машины до конца декабря.

4. Нам было бы желательно произвести платёж на следующих условиях: стоимость каждой партии товара оплачивается через аккредитив.

5. Что касается страхования товара в пути, то мы согласны осуществить его за свой счёт.

Если наше предложение в целом Вас удовлетворяет, мы просим сообщить нам об этом как можно скорее. Для ведения конкретных переговоров относительно отдельных статей договора мы предлагаем послать нашего специального представителя.

Сообщаем Вам, что наша фирма принимает теперь также заказы на новую модель комбайна типа ... В приложении Вы найдёте технические характеристики этого комбайна. Если эта машина интересует Вас, мы сможем поставить Вам до конца декабря эти комбайны в количестве не более 25 штук.

С уважением

11.2. *Слова и выражения*

коротковолокни́стый	short staple, short fibre
волокно́, Pl. воло́кна, -о́кон ...	fibre
иску́сственное ~	artificial, man-made fibre
хло́пок, -пка	cotton

хло́пок-сыре́ц	raw cotton
хло́пок-волокно́	cotton fibre
средневолокни́стый ~	medium staple cotton
тонковолокни́стый ~	fine staple cotton
хло́пковый	cotton (adj.)
хлопково́дство	cotton growing
хлопчатобума́жный	cotton (adj.)
в счёт	to the debit of
отпра́вить что-л. в а́дрес (кого-л.)	to send s.o. sth.
про́писью писа́ть	to write in words, in full (instead of in figures)
фра́нко (свобо́дно от расхо́дов)	free (free of freight)
~ бе́рег	free on shore
~ борт	free on board
~ ваго́н	free on wagon
~ ваго́н заводска́я ста́нция	free on wagon works station
~ вдоль бо́рта су́дна (фас)	free alongside ship
~ вдоль на́бережной	free alongside quay
~ грани́ца	free at frontier
~ заво́д	free ex-works
~ порт	free at port
~ самолёт	free on plane
~ склад	free ex-warehouse
погранич́ная ста́нция	frontier station
посре́дством (инка́ссо)	by means of, by (collection)
инка́ссо с неме́дленной опла́той	cash against documents with subsequent acceptance
действи́тельный	valid; actual, real
действи́тельность, -и	validity; reality
о́бщие усло́вия	general conditions
мирово́й ры́нок	world market
незначи́тельный	insignificant
уравнове́сить v., -е́шу, -е́сишь	to balance
уравнове́шивать uv., -аю, -аешь	
уравнове́шенность, -и	balance, equilibrium
уравнове́шенный	balanced
та́ра	packing; weight of package, tare
ткань, -и	material, woven stuff
торопи́ться v., тороплю́сь, торо́пишься	to hasten
поторопи́ться uv.	
се́льское хозя́йство	agriculture
молоти́лка, G Pl. молоти́лок	threshing machine
се́ялка, G Pl. се́ялок	sowing machine
осуществи́ть (перево́зку) v., -влю́, -ви́шь	to effect (shipment, transport)
осуществля́ть uv., -я́ю, -я́ешь	

морски́м путём	by sea
догово́р ку́пли-прода́жи	contract of sale
профо́рма-счёт	pro-forma invoice
в трёх экземпля́рах	in three copies, in triplicate

11.3. *Упражнения и задания*

11.3.1. *Прочитайте и переведите письма главы* 11.1. *и выучите новые слова.*

11.3.2. *Перескажите содержание писем и составьте вопросы к письмам.*

11.3.3. *Напишите два предложения, используя следующие слова и словосочетания:*

подтвердить получение запроса, коротковолокнистый хлопок, отправить в адрес, фоб Росток, цена за тонну, несколько выше, чем цены на мировом рынке, обратить особое внимание на качество, с отгрузкой в начале каждого месяца, в количестве приблизительно 100 тонн, условия платежа, те же, что и в предыдущем контракте, прочие условия, согласно нашему письму, общие условия поставки.

11.3.4. *Назовите оба вида глагола, образуйте причастия страдательного залога настоящего, прошедшего и будущего времени по следующей модели и употребите их в предложениях:*

наст. (прошед.)будущее вр. (impf.)	*прошед. (будущее) вр.* (pf.)
а) *выполняемый* план План *выполняется.*	а) *выполненный* план
б) План выполнялся.	б) план *выполнен* ... выполнено (а; ы) ... был (о, а; и) выполнен (о, а; ы)
в) План будет выполняться. Планы будут выполняться.	в) ... будет (будут) выполнен (о, а; ы)

1) заполнить бланк, 2) составить деловое письмо, 3) отправлять образцы, 4) прилагать спецификации, 5) помещать товары, 6) указывать на недостатки, 7) начать поставку, 8) выделить главную мысль, 9) принимать гостей, 10) ставить в известность, 11) предпринимать поездку, 12) пере-

числить документы, 13) получить справку, 14) исполнить заказ, 15) заказать станки, 16) выслать прейскурант, 17) затребовать предложения, 18) определить условия, 19) задержать ответ, 20) решить проблему.

11.3.5. *Переведите и перескажите содержание следующего письма:*

Касается: поставки токарного станка модели ...

Мы ознакомились с Вашим предложением, присланным каталогом и детальным описанием токарного станка модели ...

Для выдачи Вам заказа нам желательно получить от Вас ответ на следующие вопросы:

1. Какую цену Вы назначаете при поставке фоб ..., включая стоимость морской упаковки? Цену просим указать отдельно для станка и отдельно для запасных частей к нему.

2. Какая будет предоставлена скидка с цены брутто при наличном платеже (расчёте)?

3. Какое требуется электрическое оборудование и будет ли оно поставлено Вашей внешнеторговой организацией, или мы должны будем обратиться с особым заказом к другой внешнеторговой организации? В первом случае мы просим прислать нам детальную спецификацию необходимого электрического оборудования. Если необходимое электрическое оборудование поставит Ваша внешнеторговая организация, то кроме спецификации просим сообщить нам также минимальную цену станка.

4. Какую производственную мощность станка Вы можете гарантировать?

В ожидании Вашего скорого ответа остаёмся

с уважением

11.3.6. *Переведите:*

1. We refer to your letter of ... and would inform you that we can supply you with the drilling machines including accessories.

2. We are at present in a position to place the following offer before you.

3. The price, inclusive of packing, amounts to ... rbls.

4. The conditions of delivery and payment remain the same as for the last contract.

5. We take the liberty of sending you the following offer, for the third quarter of 19.., for textile products. Enclosed you will find therefore some pro-forma invoices in triplicate from the firms ...

6. The above-named works have sent you the necessary samples of the articles listed in the invoice.

11.3.7. *Переведите дополнительно и выучите новые слова (контроль на стр. 202):*

1. We are very glad that you are interested in our products and submit to you an offer for ...

2. We have received your inquiry and thank you very much for your interest in our products.

3. We are most interested in your inquiry and offer you:
(a) as a firm offer, (b) without obligation (subject to being unsold), (c) without obligation, (d) subject to definitive confirmation ...

4. We are pleased to learn that you are interested in commercial relations with us. We would like to take this opportunity of assuring you that business relations with us will be very advantageous for you.

5. We are most ready to submit to you a detailed calculation, as soon as you let us know your specific wishes.

6. We are most concerned that this offer will become the basis for good trade relations between us. We have therefore fixed the prices and delivery conditions as advantageously as possible.

7. We are very anxious that you should be convinced of the perfect quality of our products and of the advantageous prices. We would therefore be most obliged if you would give us, through your order, the opportunity to do this.

8. If our offer is acceptable to you please place your order immediately since the demand for these products has increased considerably recently.

9. Will you please make a detailed inquiry, so that we can place before you a priced offer.

10. We can supply you with the required quantities, if you place your order immediately.

11. This offer is binding if you place your order by the end of next month.

12. As we have at the moment at our disposal only small quantities of the goods you require, we can only deliver them to you if you give us your order by the 25th of this month.

13. At your repeatedly expressed wish we are sending you a firm offer on condition that we receive an answer to our offer by ... March of this year at the latest.

14. At the moment we are unable to let you have a firm offer for this article since the demand for these products is very great and the suppliers are fully engaged with orders until the end of this quarter. We would be pleased, however, to meet your wishes next quarter.

15. Ref: Your inquiry of ...
We are most grateful to you for your inquiry of ... and would inform you that we have today sent you by the same post four tins (cans) of tomato-pulp as a sample. The goods can be supplied in barrels each of 120—150 kg net weight as well as in cans of $1/4$, $1/2$, 1 and 2 kg net weight. With orders for 30,000 kg and over we can offer you the tomato-juice at a price of ... rbls per 100 kg f.o.b. ... Packing may be returned or it may be charged at cost.

If supplied in cans the price is increased as follows:

2 kg cans by 15%
1 kg cans by 17%
$1/2$ kg cans by 20%
$1/4$ kg cans by 25%

Payment takes place on delivery by immediate cash against documents according to our conditions of payment.
Delivery can take place at once as we have at the moment considerable quantities in stock. The product is of excellent quality and we would be most grateful to receive your order in the near future.

Yours faithfully

16. Ref: Offer for potash fertilizer
We refer to our telephone conversation of yesterday with your representative, Mr H., and make you an open offer of ... tons of potash fertilizer at a price of ... roubles per ton.
As you may be aware, prices for fertilizers have risen since your last order and this has compelled us also to put up our prices somewhat.
We are sending you by the same post the required samples.

Delivery can take place within three months in equal monthly amounts. Our conditions of payment are already known to you from our letter of ...

In view of the heavy demand we would ask you to let us know by return cable.

We look forward with interest to your favourable reply and remain,

Yours faithfully

11.3.8. *Промышленные товары (1)*

Промышленные (непищевые) товары делят на группы: химико-москательные, строительные материалы и изделия из них, стеклянные, керамические, металлохозяйственные, бытовые электротовары, текстильные, швейные, трикотажные, обувные, шорно-седельные, пушно-меховые, галантерейные, парфюмерно-косметические, мебель, обозные, культтовары, книги, часы и швейные машины.

Внутри этих групп товары делят по ряду признаков: по исходному материалу, из которого изготовлены изделия, составу, способу производства, отделке, назначению, характеру украшения, виду (наименованию) товара, конструкции, фасону, размеру, комплектности и по другим признакам.

Товары обладают определенными потребительными свойствами, то есть они удовлетворяют те или иные потребности человека. Чем выше качество товара, тем полнее отвечает товар своему назначению, тем больше в нем полезных свойств.

Качество товаров нормируется стандартами и техническими условиями. Стандарт представляет собой важнейший государственный документ, в котором предусмотрены определенные показатели (нормы) для товаров. В стандарте указывают наименование и краткое определение товаров, их назначение, исходные материалы, идущие для производства, классификацию, технические условия, то есть требования, предъявляемые к качеству товара и нормы для тех или иных показателей с допускаемыми отклонениями в каждом товарном сорте, методы проверки качества товара (методы исследования), условия транспортировки, хранения и др. Имеются также стандарты, в которых содержатся требования и нормы только по отдельному показателю, например, стандарт на сортировку или маркировку товара.

Сокращенно Государственные общесоюзные стандарты называются ГОСТами; они утверждаются Комитетом стандартов, мер и измерительных приборов при Совете Министров СССР.

С 1957 года по ряду товаров (швейные, металлохозяйственные и др.) вместо ГОСТов выпускаются РТУ (республиканские технические условия), они утверждаются Госпланами союзных республик.

При отсутствии на тот или иной товар ГОСТов или РТУ отдельные министерства или местные органы власти утверждают ТУ (технические условия) или ВТУ (временные технические условия).

Соблюдение требований стандартов и технических условий обязательно для производственных, заготовительных и торгующих организаций.

Доброкачественность товаров определяют двумя методами: органолептическим и лабораторным.

При органолептическом методе качество товаров проверяют с помощью органов чувств: зрения, обоняния, осязания. Достоинство этого метода заключается в его простоте и быстроте выполнения, недостаток — в отсутствии объективных показателей проверки. В ряде случаев, например, при проверке вкуса и запаха, качества звучания музыкальных инструментов, или выявлении дефектов внешнего вида товаров, этот метод является единственно возможным.

Лабораторный метод — определение качества товара при помощи приборов и реактивов. Лабораторным методом проверяют химический состав товаров, прочность их на разрыв, перегиб и т. д. Этот метод отличается точностью показаний, но он значительно сложнее органолептического.

(Продолжение на стр. 93)

11.3.8.1. *Задания*

1. Прочитайте текст 11.3.8. без словаря и попробуйте пересказать общий смысл.

2. Переведите текст при помощи словаря (дословно).

3. Поставьте 15 вопросов к содержанию текста и дайте соответствующие ответы.

4. Выпишите и выучите новые слова.

5. Перескажите содержание текста 11.3.8.

Заказ и его подтверждение

12. Заказ

12.1. *О заказе*

Покупатель, получив предложение от продавца, подробно его изучает, сравнивает с другими предложениями. На основании приобретённых таким образом сведений о виде, сорте и качестве товара, о его цене, сроках поставки и т. п. покупатель выдаёт заказ продавцу.

Во внешней торговле заказы иностранным продавцам даются только в письменной форме. Заказ в письменной форме содержит основные пункты предложения, т. е. наименование, качество и количество товара, его цену, срок поставки, стоимость доставки, упаковку и маркировку, расчёт и т. д.

Количество товара в заказе указывается в единицах измерения (например: метрах, кг, литрах, штуках и т. п.). Относительно места сдачи товара в заказе указывается:

с доставкой на станцию (на пароход)
с отправкой на склад ...
с погрузкой в вагон на станции ...
с приёмкой на станции ...
со сдачей на складе (или на пристани) и т. д.

Иногда указывается способ отправки товара. Например: товар отправляется по железной дороге (большой или малой скоростью), морским путём, пароходом, теплоходом, на баржах, плотами, воздушным транспортом и т. п.

Заказ обязывает поставщика дать ответ до истечения указанного в заказе срока для ответа. Только после подтверждения условий заказа продавцом, заказ становится договором или контрактом. Поэтому заказ должен содержать основные пункты будущего договора. Как только поставщик подтвердит заказ, т. е. сообщит заказчику о своём согласии принять предложение на поставку (принимает его к исполнению), заказ становится обязательством со всеми вытекающими из него последствиями как для поставщика, так и для покупателя.

Заявление о принятии предложения на иных, чем было предложено, условиях, считается отказом от предложения и в то же время новым предложением.

Разница между заказом и договором заключается в том, что от заказа продавец может отказаться, тогда как от договора не может, так как вступают в силу условия договора.

Заключение торговой сделки значительно упрощается в тех случаях, когда на основе постоянных торговых отношений не нужно всякий раз просить о высылке, например, предложения, а достаточно сослаться на прежнюю практику деловых отношений. Например, ... на прежних условиях, ... как обычно и т. п. Иногда заказывают что-нибудь дополнительно, это называется дополнительным заказом. Например, поставщик по договору № ... от ... должен поставить 15 000 электрических лампочек. Заказчик видит, что ему не хватает ещё 5000 лампочек. Тогда он заказывает их дополнительным заказом на тех же условиях, что и в договоре.

Обычно в торговых сношениях с СССР заказ принимает форму договора или контракта.

12.1.1. *Примеры:*

1.

В/О «Экспортхлеб»
Москва
Кас.: заказа на поставку пшеницы.

На основании Вашего предложения от 12 марта с. г. в соответствии с «Протоколом о взаимных поставках товаров между СССР и ...» на 19.. год заказываем Вам на нижеследующих условиях:

90 000 т пшеницы, с отклонением $\pm 10\%$ по выбору продавца. Натурный вес ... в гектолитре, посторонняя примесь не должна превышать ... %. Отгрузка производится по железной дороге.

Цена устанавливается в размере ... руб. за тонну франко вагон советско-польская граница.

Поставка производится в течение мая, июня и июля месяцев равными партиями.

Платежи за поставленную пшеницу производятся по инкассо с немедленной оплатой в соответствии с «Общими условиями поставок».

Во всём остальном, что не предусмотрено настоящим заказом, действуют «Общие условия поставок».

Просим подтвердить принятие настоящего заказа к исполнению в течение 14 дней со дня его получения.

С уважением

2.

Кас.: Вашего заказа на поставку пшеницы от 10 апреля.

С благодарностью подтверждаем получение Вашего заказа № 66/321 от 10 апреля с. г. на поставку 90 000 т пшеницы и сообщаем Вам, что принимаем его.

Заверяем Вас, что Вашему заказу будет уделено должное внимание, и отгрузки пшеницы будут произведены точно в установленные сроки.

С уважением

12.2.   *Слова и выражения*

сра́внивать (с кем, с чем) uv., -аю, -аешь сравни́ть v., -ню́, -ни́шь	to compare
на основа́нии	on the basis (of)
приобрести́ v., -ету́, -етёшь приобрета́ть uv., -а́ю, -а́ешь	to obtain, procure, receive; to acquire (buy); to gain (significance)
све́дение	communication, information
вы́дать (выдава́ть) зака́з	to give an order, place an order, to order
едини́ца измере́ния	unit of measurement
ме́сто сда́чи това́ра	place of delivery
сда́ча-приёмка	delivery, taking delivery
~ това́ра	delivery of goods
большо́й ско́ростью (отпра́вить)	to send by passenger train, express
ма́лой ско́ростью ...	to send by goods train
геплохо́д	motorship, MS, MV
ба́ржа	barge, lighter
плот	raft
возду́шный	air-
обя́зывать uv., -аю, -аешь обяза́ть v., обяжу́, обя́жешь	to bind, make responsible
истече́ние	expiration
~ сро́ка	expiration of the time limit
по ~ -нии сро́ка	on expiration of the time limit
истека́ть uv., -а́ет, -а́ют (no 1st and 2nd persons) исте́чь v., -чёт, -ку́т	to expire, elapse
поставщи́к, -а́	supplier
станови́ться (кем-чем) uv., -овлю́сь, -о́вишься стать v., ста́ну, ста́нешь	to become
зака́зчик	person or firm giving the order
обяза́тельство	obligation, responsibility
~ по поста́вкам	obligation for supply

89

взять на себя ~   to assume, undertake responsibility
вы́полнить ~   to carry out a responsibility
отказа́ться от ~-а   to deny obligation, responsibility
вытека́ющие из этого после́дствия   results, consequences arising directly from
из э́того вытека́ет, что …   it follows from this that
счита́ться uv., -а́юсь, -а́ешься   to be considered (to be)
    Он счита́ется хоро́шим инжене́ром.   He is considered to be a good engineer.
    (покупа́телем, продавцо́м, поставщи-   (buyer, salesman, supplier, customer)
    ко́м, зака́зчиком …)
отка́з (от чего-л.)   rejection, refusal
отказа́ться (от чего) v., -ажу́сь,   to reject, renounce, withdraw, revoke,
    -а́жешься   refuse
    отка́зываться uv., -аюсь, -аешься
    ~ от зака́за   to withdraw from a contract
вступи́ть (вступа́ть) в си́лу   to come into force
хвати́ть (чего) v., хва́тит   to be enough, sufficient
    хвата́ть uv., -а́ет, -а́ют
    Мне не хвата́ет вре́мени и де́нег.   I have not enough time and money.
отноше́ние   relation, relationship
вы́бор   selection, choice
    по вы́бору   at choice
при́месь, -и   admixture, alloy
посторо́нний   foreign
превыша́ть uv., -а́ю, -а́ешь   to exceed, surpass
    превы́сить v., -ы́шу, -ы́сишь
в соотве́тствии   according to, in accordance with
де́йствовать uv., -вует, -вуют   to apply, be applicable
заверя́ть (кого в чём) uv., -я́ю, -я́ешь   to assure (s.o. of sth.)
    заве́рить v., -рю, -ришь
    ~ в свое́й дру́жбе   to assure s.o. of one's friendship
удели́ть (внима́ние) v., -лю́, -ли́шь   to devote, give (attention)
    уделя́ть uv., -я́ю, я́ешь

12.3.   *Упражнения и задания*

12.3.1.   *Прочитайте текст гл. 12.1.и выучите новые слова*

12.3.2.   *Ответьте на вопросы:*

— Что содержит заказ?
— Как обусловливается в заказе место сдачи?
— Когда заказ становится договором (контрактом)?
— Чем отличается заказ от контракта (договора)?
— Какой заказ мы называем дополнительным?

12.3.3. *Перескажите содержание текста гл. 12.1.*

12.3.4. *Прочитайте и переведите письма гл. 12.1.1. и выучите новые слова.*

12.3.5. *Перескажите содержание обоих писем и напишите сами два письма.*

12.3.6. *Переведите:*

1. Просим подписать один экземпляр заказа № ... и вернуть нам его обратно.

2. Направляем Вам заказ № ..., выданный на основании «Протокола о взаимных поставках на 19.. год», и просим Вас подтвердить принятие его к исполнению.

3. Мы несколько увеличили количество ... и заказываем Вам не ... тонн, а ... тонн. Мы надеемся, что Вы не будете возражать.

4. Мы согласны со всеми условиями Вашего предложения от ... и заказываем Вам ...

5. При условии, если Вы нам закажете не менее 25 тракторов, мы сможем предоставить Вам скидку в 15%.

6. Мы можем поставить Вам дополнительно к заказу № ... ещё 100 измерительных приборов того же ассортимента.

7. Отгрузка измерительных приборов по дополнительному заказу будет произведена в те же сроки, как это было обусловлено в заказе № ...

8. Ваш заказ будет выполнен нами со всей тщательностью и в названные Вами сроки.

12.3.7. *Переведите (контроль на стр. 203)*

1. We thank you for your offer of ... of this month as well as for the samples you sent and would request you to supply us with ...

2. We accept your offer and place an order with you for ...

3. Please supply us on the basis of your offer of ... with the following goods: ...

4. On the basis of your offer of ... of last month and of the samples sent, we are placing the following order with you.

5. Please confirm by telegram acceptance of the offer and inform us of the delivery date.

6. In accordance with Trade Agreement No. ... of ... we hereby place an order for ...

7. We thank you for your order of ...

8. We thank you for your letter and for the order you have placed with us.

9. The order must be confirmed to us within ... days at the latest.

10. The contract for supplying the goods will be considered concluded only after receipt of your confirmation.

11. We very much regret to have to inform you that we cannot at the moment supply the spare parts you ordered, as ...

12. Upon acceptance of this order, all previous correspondence no longer applies.

13. Please draw up a contract for ...

14. We cannot execute immediately the order placed with us, as ...

15. We have noted your order of ... instant and have had work started on the machines you ordered.

12.3.8.   *Составьте запрос, предложение, заказ и подтверждение заказа на товар по своему выбору.*

12.3.9.   *Переведите, составьте предложения:*

1) сложность, сложный вопрос, 2) перегиб, перебибать, 3) истирать, истираться, истирание, 4) прочность на разрыв, 5) состав, составить, составленный, 6) реактив, реактивный, 7) выявление, выявить, выявленный, 8) звучать, звучание, звучащий, звучность, звучный, 9) запах, пахнуть, запахнуть, 10) вкус, вкусный, вкусить, 11) недостаток, недостаточность, недостаточный, 12) недостаток заключается в ..., 13) осязать, осязание, осязательность, 14) обоняние, иметь тонкое обоняние, обонять, 15) зрение, иметь хорошее зрение, зритель, зрительный, зреть, 16) проверка, проверить, 17) доброкачественный, доброкачественность,

недоброкачественный, 18) органолептический, 19) комплектовать, комплектование, комплект, комплектный, 20) уголовная ответственность, 21) заготовка, заготовительный, заготовить, 22) обязательность, обязательно, обязательство, 23) соблюдение, соблюдать срок поставки, 24) измерительный прибор, измерить, 25) сортировка, сортировать, сортимент, сортировочный, 26) допускаемое отклонение, 27) предъявить требование, 28) норма, нормировать, нормирование, нормированный, 29) полезность, полезный, 30) потребить, потребитель, потребление, потребительное свойство, 31) обладать большими возможностями, обладание, 32) размер, размерить, 33) украшение, украсить, 34) отделка, отделочный, отделать, 35) изготовление, изготовить, 36) в качестве исходного материала, 37) пушнина, пушной товар, пушно-меховой, 38) швейная машина, швейная мастерская, 39) быт, бытовые товары, 40) москательная лавка, 41) продовольственные товары, пищевая промышленность.

12.3.10. *Промышленные товары II (продолжение)*

Определяя качество товара, устанавливают его сортность, то есть степень соответствия товара предъявляемым к нему требованиям. Сорт товара обозначают порядковыми номерами (1, 2, 3 и т. д.) или специальными терминами (экстра, высший и др.).

Важным фактором сохранения качества товара в магазине является характер упаковки и метериал тары, а также условия хранения и транспортировки.

Большинство товаров вначале упаковывают в бумагу, пластмассовую плёнку (целлофан, полиэтилен и др.), упаковочную ткань, футляры и коробки из картона, жести и других материалов, а также флаконы и банки из стекла и т. д.

Товары, подлежащие транспортировке, а также требующие особых условий хранения (бьющиеся, легко улетучивающиеся и воспламеняющиеся, особо дорогие и т. д.), обычно дополнительно упаковывают во внешнюю тару, которая бывает жёсткой (бочки, ящики, банки), полужёсткой (корзины плетёные, коробки, футляры, мешки из гофрированного картона или многослойной бумаги) и мягкой (мешки, рогожи, ткани упаковочные и др.).

Выбор материала тары и характер упаковки зависят прежде всего от свойств товара. Так, например, оконное стекло, мыло хозяйственное, шлифовальные материалы, кисти малярные, большинство металлохозяйственных товаров упаковывают в ящики обычно без предварительного обёртывания бумагой.

Посуду стеклянную и фарфоровую, швейные и трикотажные изделия, а также дорогостоящие ткани и некоторые другие товары предварительно обёртывают в бумагу, а затем упаковывают в ящики.

Отдельные товары бытовой химии (удобрения и др.), металлохозяйственные изделия (замки), обувь кожаную и резиновую, большинство галантерейных товаров, игрушки упаковывают в коробки, а затем в ящики. Обувь при этом прокладывают бумагой.

Керамическую посуду, отдельные виды фарфоро-фаянсовой и металлической посуды, ручной сельскохозяйственный инвентарь и другие изделия можно укладывать в вагоны без специальной упаковки.

Отдельные виды товаров упаковывают в пакеты (нафталин, стиральные порошки, красители для тканей, шлифовальные порошки), бочки (ядохимикаты, керосин, колёсная мазь, многие лакокрасочные товары), пачки (свечи), банки и стеклянную тару (олифа, лаки, краски), тюки (кисти малярные, ткани).

Все промышленные товары, поступающие в продажу, подлежат маркировке. Порядок маркировки устанавливается соответствующими стандартами или техническими условиями.

В зависимости от вида товара маркировка производится на самом товаре или на первичной упаковке. Маркируют клеймением краской (кисти малярные, абразивные инструменты, фарфоровая и фаянсовая посуда и т. д.), штамповкой (мыло хозяйственное, металлические изделия и др.), наклеиванием этикеток (стеклянная посуда, лампочки и т. д.), прикреплением бумажных, картонных или тканевых ярлыков и этикеток (трикотажные и швейные изделия, текстильная галантерея и др.) или бандеролей (чулочно-носочные, перчаточные изделия, гребни и др.).

Допускается также маркировка одного вида товара различными способами.

Маркировочные обозначения должны быть четкими, красочно оформленными.

Основными данными маркировочных обозначений являются: наименование предприятия и товара, артикул или прейскурантный номер (для швейных изделий), сортность, размер или ёмкость, наличие отделки, цена, номер сортировщика (браковщика), номер ГОСТа или ТУ и другие сведения о товаре.

При маркировке тканей и трикотажных изделий указывается также группа прочности окраски (особо прочная, прочная, обыкновенная), при маркировке керамической и стеклянной посуды — группа сложности её отделки.

Наименование предприятия может быть заменено или дополнено фабричной (заводской) маркой. Название товара может быть дополнено указанием назначения, например, лак для мебели, клей обойный и т. д.

12.3.10.1. *Задания*

1. Прочитайте и переведите текст.

2. Поставьте несколько вопросов к содержанию текста.

3. Перескажите содержание текста.

4. Составьте диалог на эту тему.

12.3.10.2. *Некоторые новые слова*

со́ртность, -и (= сорт)	kind, quality
сте́пень, -и	degree, extent
поря́дковые номера́	serial numbers (with the ordinal numerals)
те́рмин	technical term or designation
брак	reject
бракова́ть uv., -ку́ю, -ку́ешь забракова́ть v.	to reject
пакова́ть uv., паку́ю, -у́ешь упакова́ть v., (и запакова́ть) упако́вывать uv., -аю, -аешь (= пакова́ть) упакова́ть v.	to pack
футля́р	case
коро́бка	box
стру́жка	shavings
флако́н	flask, small bottle
ба́нка (из стекла́, же́сти)	container, bottle (of glass, tin), can
бью́щийся материа́л	breakable, fragile material
улету́чиваться uv., -ается, -ются улету́читься v., -чится, -атся	go, leak, escape (e. g. gases, etc.)
воспламеня́ющийся	inflammable
бо́чка	barrel, keg
жё́сткий	hard
корзи́на (плетёная)	basket (woven)
гофриро́ванный	corrugated
многосло́йный	multi-layered

рого́жа	bast mat
кисть, -и	paint brush
обёртывание	wrapping
фарфо́р	porcelain, china
бытово́й	in domestic, general, daily use, everyday
прокла́дывать uv., -аю, -аешь	to lay between, interleave with sth.
проложи́ть v., -ожу́, -о́жишь	
гонча́рная посу́да	pottery
фая́нсовый	faience, crockery ware
ядохимика́ты	poisons, insecticides
кероси́н	paraffin
колёсная мазь	grease
оли́фа	linseed oil
тюк	bale
клейме́ние	stamping, marking
абрази́вный	abrasive
~ материа́л	abrasive agent, material
штампо́вка	embossing stamp
накле́ивание	pasting on (of labels)
прикрепле́ние	affixing
ярлы́к, -а́	label, ticket
ёмкость, -и	capacity
обо́йный	wallpaper-, upholstery-

13.   Заказ (продолжение)

13.1.   *Фразы и письма*

1. В счёт взаимных поставок на 19.. г. заказываем Вам на основании полученного нами Вашего предложения от 2 марта с. г. ...

2. Отгружаемая пшеница должна быть в здоровом состоянии, без постороннего запаха.

3. Отгрузка производится по железной дороге, насыпью (морским путём).

4. Цена устанавливается в размере ... руб. за тонну франко вагон советско-польская граница.

5. Дата штемпеля пограничной станции страны покупателя на железнодорожной накладной считается датой поставки товара.

6. Платёж производится через Банк для внешней торговли в Москве в соответствии с Общими условиями поставок против представления продавцом счёта и транспортных документов.

7. Во всем остальном, что не предусмотрено настоящим заказом, действуют «Общие условия поставок«.

8. Просим подтвердить получение заказа и уделить ему должное внимание.

9. Просим своевременно информировать нас о готовности к испытанию для того, чтобы наш приёмщик прибыл на завод поставщика к установленному дню.

10. Анализ пшеницы, образец которой был Вам послан на этой неделе, был произведён в лаборатории в Риге. Он полностью соответствует качеству того сорта пшеницы, который мы поставили Вам в апреле с. г.

11. Приёмка производится нашим приёмщиком в ... Он прибудет на место приёмки товара ... с. г.

12. Хайм-Электрик   Москва, 20 марта 19.. г.

Берлин

Касается: заказа 58/795-10 от ..., транса № 6567.

По «Протоколу о взаимных поставках товаров между СССР и ...»
на ... год настоящим заказываем Вам на нижеуказанных условиях:

1. Предмет заказа

Запасные части к радиопрёмникам и телевизорам, в соответствии
с Вашим предложением от ... 19.. г. согласно приложенной спецификации, являющейся неотъемлемой частью настоящего заказа.

2. Качество товара и гарантии

Запасные части, поставляемые по настоящему заказу, должны быть
изготовлены в соответствии с переданными заводу-изготовителю советскими чертежами и техническими условиями.
Гарантии — в соответствии с «Общими условиями поставок» от ...
19.. г.

3. Цена и общая сумма заказа

Цена запасных частей (см. подробную спецификацию). Общая сумма
заказа согласно приложенной спецификации составляет

    руб.   ...
    скидка 10%   ...
    Итого   ...

Цена понимается франко вагон советско-польская граница (до станции
Брест), включая упаковку и маркировку.

4. Срок поставки

Поставка запчастей производится в течение октября и ноября месяцев
с. г. равными партиями ежемесячно.

5. Упаковка

На торцовых сторонах каждого ящика чёрной несмываемой краской
наносится следующая маркировка:

    В/О Технопромимпорт
    Заказ № ...
    Транс № ...
    Ящик № ...
    Брутто ... кг.
    Нетто ... кг.

В каждый ящик вкладывается копия упаковочного листа.

6. Условия платежа

Платёж за поставленные запасные части производится заказчиком в соответствии с «Общими условиями поставок между СССР и ...» от ... 19.. г.

7. Арбитраж и прочие условия

Все споры, могущие возникнуть в связи с настоящим заказом, за исключением подсудности общим судам, подлежат разрешению в арбитражном порядке, по правилам «Общих условий поставок». Во всём, что не предусмотрено настоящим заказом, стороны руководствуются «Общими условиями поставок».

Просим подтвердить письмом принятие настоящего заказа не позднее 7 дней со дня получения данного заказа.

В/О Технопромимпорт

(подписи)

13. В/О Технопромимпорт

Москва

Подтверждаем получение Вашего заказа № 58/795 от 20 марта с. г. и принимаем его к исполнению.

Заверяем Вас, что Вашему заказу нами будет уделено должное внимание.

В приложении препровождаем Вам подтверждённый нами заказ.

С уважением

14. Касается: поставки грузинских и армянских табаков.

Благодарим Вас за присланные нам образцы табаков и прейскурант.

После тщательного просмотра прейскуранта и образцов мы решили заказать у Вас:

грузинских табаков ... т
    1 сорта — 2%, 2 сорта — 18%,
    3 сорта — 55% и 4 сорта — 25%;

армянских табаков ... т
«Семсунов»
    1 сорта — 2%, 2 сорта — 24%,
    3 сорта — 50% и 4 сорта — 24%;

армянских табаков ... т
    1 сорта — 10%, 2 сорта — 25%,
    3 сорта — 52% и 4 сорта — 13%

Итого ... т.

Сроки поставок: в январе, марте, июне и ноябре приблизительно по . . . т, всегда в середине вышеупомянутых месяцев по ценам Вашего прейскуранта франко вагон советско-польская граница.

Надеемся, что настоящее письмо послужит основанием к заключению договора на поставку табаков между нашими организациями. После получения Вашего ответа мы вышлем своего уполномоченного пред ставителя для заключения и подписания договора.

С уважением

13.2.   *Слова и выражения*

на основа́нии	on the basis
за́пах	smell, odour
отгру́зка произво́дится	dispatch will be effected
на́сыпью	in bulk
платёж произво́дится	payment will be effected
по инка́ссо	by cash against documents
че́рез Госба́нк	through Gosbank (State Bank)
представле́ние	presentation
про́тив ~-я	against presentation
тра́нспортные докуме́нты	shipping documents
удели́ть (кому-л. что) v. -лю́, -ли́шь	to devote, give attention
уделя́ть uv., -я́ю, -я́ешь	
~ поста́вке наибо́льшее внима́ние	to give the greatest attention to the fulfilment of the order
~ до́лжное внима́ние (чему-л.)	to devote the appropriate attention (to a matter)
испыта́ние	checking, inspection, testing
испыта́ть v., -а́ю, -а́ешь	to check, inspect, test, examine
испы́тывать uv., -аю, -аешь	
~ мото́р	to test the motor, engine
~ но́вого рабо́тника	to test the new worker
прибы́ть (куда) v., -бу́ду, -бу́дешь	to arrive, be present
прибыва́ть uv., -а́ю, -а́ешь	
~ на заво́д (на уро́к, в Москву́, в Берли́н)	to arrive at the works (at the lecture, in Moscow, Berlin)
транс № (тра́нспортное поруче́ние №)	Transp. No. (shipping reference, dispatch number)
неотъе́млемая часть	integral part
настоя́щий зака́з	present order
заво́д-изготови́тель	producing factory
о́бщая су́мма	total, global sum
см. (смотри́)	see
составля́ть uv., -я́ет, -я́ют	to amount to (a sum)
соста́вить v., -вит, -вят (no 1st and 2nd persons)	

100

итого́ — in all, in total

цена́ понима́ется фра́нко ваго́н сове́тско-по́льская грани́ца — the price is quoted free on wagon at the Polish-Soviet frontier

сма́зать v., -жу, -жешь — to oil, grease
  сма́зывать uv., -аю, -аешь

предохрани́ть (от кого-чего) v., -ню́, -ни́шь — to protect (from)
  предохраня́ть uv., -я́ю, -я́ешь

по́рча — damage, deterioration
корро́зия — corrosion
пло́тный я́щик — stout, strong box
окантова́ть v., -ту́ю, -ту́ешь — to encase, frame; to tip over, knock over (cases)
  кантова́ть uv.
ле́нта — ribbon, strip, tape
  ~ для пи́шущей маши́нки — typewriter ribbon
  изоляцио́нная ~ — insulating tape
  желе́зная ~ — iron bands, hoops
торцо́вый — uppermost, top
  ~-ая сторона́ я́щика — top side of the case
смыва́емый — washable, erasable
кра́ска — paint
нанести́ v., -су́, -сёшь — to apply
  наноси́ть uv., -ошу́, -о́сишь
  ~ кра́ски — to apply paint
вкла́дывать uv., -аю, -аешь — to enclose, place in
  вложи́ть v., -ожу́, -о́жишь
упако́вочный лист — packing note
арбитра́ж — arbitrage, arbitration
исключе́ние — exclusion
  за ~-ием — with the exclusion of, excluding
подсу́дность, -и — jurisdiction
суд, -а́ — court
  вызыва́ть в суд — to take to court
  подава́ть в суд на кого-л. — to sue s.o.
  возбужда́ть де́ло в суде́ — to take proceedings
  отдава́ть под суд — to bring to court
  день суда́ — date of court hearing
  иска́ть суда́ — to take legal proceedings
в арбитра́жном поря́дке — (here) through the disputes tribunal
предусмотре́ть v., -отрю́, -о́тришь — to foresee (a matter)
  предусма́тривать uv., -аю, -аешь
руково́дствоваться (чем), -ствуюсь, -ешься uv. — to be guided by, to adhere to
  ~ пра́вилами — to adhere to the rules
не поздне́е 7 дней со дня ... — at the latest 7 days from the day (from the date)

да́нный зака́з	the present order
тща́тельный	careful
просмо́тр	examination, scrutiny, inspection; oversight, omission
догово́р ку́пли-прода́жи	contract of sale
уполномо́ченный	agent, proxy

13.3. *Упражнения и задания*

13.3.1. *Прочитайте, переведите и выучите предложения гл. 13.1.*

13.3.2. *Прочитайте и переведите письма гл. 13.1. и выучите новые слова.*

13.3.3. *Переведите:*

1. Ref: Order for the supply of 10 Lathes

We thank you for your offer of ... and herewith place an order on the basis of your pro-forma invoice for 10 automatic lathes, Type DAR 63.

Delivery date: 2nd quarter, 19..
Basis of delivery: franco frontier ...
Conditions of payment: cash against documents as per trade agreement.
Shipping instructions: as in our last order.

Insurance will, in accordance with your offer, be borne by you. Please confirm the order immediately by telegram.

Yours faithfully

2. On the basis of the Trade Agreement between the USSR and the ... of ... 19.. and of the supplementary protocol concerning reciprocal supply of goods for the year 19.. we place the following order with you:

1 complete equipment Type 23/104 for the setting up of a textile factory.

All other details in this connection are contained in the attached specification which is an integral part of this order.
The price amounts to ... roubles and is quoted f.o.b. ... port. All other conditions are in accordance with the General Conditions of Supply applicable to the USSR and the ... Please confirm acceptance of the order within 14 days from receipt of this letter.

Yours faithfully

13.3.4. *Переведите быстро и составьте предложения (Контроль на стр. 204)*

1. to send airmail, to send by registered mail, by express messenger; 2. to ship, forward, dispatch the goods; 3. bank account, post-office current account; 4. to describe in full; 5. to obtain information, to give information; 6. to refer to the letter; 7. receipt of letter; 8. in reply to the letter (in answer to ...), in the course of two weeks (3 days, 4 months), within the next week; 9. to receive with thanks; 10. to hereby confirm; 11. to hereby offer; 12. to dispatch punctually; 13. the negotiations carried on; 14. to send a sample; 15. to supply (deliver) as requested; 16. to dispatch the consignment; 17. to note (take note of); 18. to call in the next few days; 19. we have the letter (we received the letter); 20. to conclude a contract; 21. to send the catalogues by book-post; 22. to conclude, be finished with the matter; 23. to look forward to an answer; 24. to still have large quantities in stock; 25. not to inform; 26. to dye furs; 27. limited company; 28. to send enclosed, herewith, attached; 29. the goods in question; 30. to inform; 31. to write a letter in duplicate; 32. the latest price quotation; 33. sample of Persian (Astrakhan) fur; 34. to dispatch by return of post; 35. to dispatch by the same post separately under wrapper; 36. to address the letter to the nationally-owned enterprise ...; 37. to make a good choice; 38. to apply to him.

13.3.5. *Переведите:*

On the basis of your offer of ... and of the samples you sent us please dispatch to us

    20,000 kg Bulgarian tomato-juice

in casks of 120—150 kg net weight each at a price of ... per 100 kg free on wagon, frontier of the supplying country.
Payment will be made in cash by the opening of an irrevocable bank letter of credit in ... M with the Bulgarian National Bank in Sofia. The letter of credit will be for an amount of ... Payment will take place against presentation of the documents and bills of lading, weight-lists and invoices. The packaging — empty casks — is not returnable but will be charged at cost.
We ourselves will effect the insurance.
We would ask you to send us confirmation of the order by return of post and remain

Yours faithfully

13.3.6. *Составьте на основании следующих данных заказы.*

1. The customer thanks the person making the offer for the offer concerning iron ore and informs him that the quality of the ore fully meets his requirements. For this reason he has decided to order ... tons $\pm 5\%$.
Delivery conditions: free at frontier supplying country
Quality of ore: according to chemical analysis
Conditions of settlement: cash against documents as trade agreement
Delivery dates: 2nd and 3rd quarters in equal monthly consignments. The handing and taking over of the ore will be carried out in conformity with the Agreement on International Freight Transport of ... The client asks for the order to be confirmed without delay.

2. Draw up your own orders for
(a) Food products, (b) cotton, (c) leather goods, (d) transport vehicles, (e) coal, (f) ore.

3. Write a confirmation of the order for the goods ordered in questions 1 and 2.
(Thanks for the order, clear statement of the terms of the contract, measures which have already been taken to execute the order, assurance of careful execution)

4. Refuse the order (difficulties with materials, goods sold out, price requirements too high, unacceptable conditions of delivery).

13.3.7. *Разговор*

Мы находимся в универмаге и обращаемся к служащему с вопросом: «Скажите, пожалуйста, как нам пройти в отдел готового платья и тканей?»
Служащий отвечает: «Третий этаж налево».
Мы поднимаемся по лестнице и подходим к продавщице.

— Что вам угодно?

— Покажите, пожалуйста, материал для мужского костюма. Я хотел бы светлый материал в полоску.

— Вот посмотрите. Это прекрасный шерстяной материал. Он вам наверно понравится.

— Какова ширина и сколько стоит метр?

— Его ширина 130 см. Метр стоит 20 рублей 30 копеек.

— Сколько метров мне нужно на костюм?

— Вам нужно 3 метра.

— Хорошо, я возьму 3 метра.

Мы купили 3 метра шерстяного материала и пошли в другой отдел.

— Можно ли мне примерить это тёмное пальто?

— Пожалуйста, но это не ваш размер. Оно будет вам длинно. Вам нужен размер 48. Пожалуйста, примерьте вот это пальто.

— Да, оно сидит прекрасно.

— И цвет этот вам очень идёт.

Мы купили это пальто, заплатили за него в кассе и подошли к другому прилавку. Борис обратился к продавщице:

— Нам нужны верхняя сорочка, носки и галстук.

— Вот, пожалуйста, выбирайте.

— Есть ли у вас и капроновые носки серого цвета?

— Конечно, есть.

— Вот эти с тёмным оттенком мне нравятся.

— Хорошо. Я возьму пару этих капроновых носков и ту шёлковую сорочку.

— А я возьму вот этот яркий галстук.

— Сколько нам платить?

— Вот счёт. Заплатите в кассе.

Мы заплатили в кассе, взяли покупки, вышли из магазина и отправились пешком домой.

13.3.7.1. *Задания:*

1. Прочитайте, переведите и выучите этот разговор.

2. Напишите сами подобный разговор на тему «В отделе текстильных изделий и готового платья».

Договор (контракт)

14.   Договор

14.1.   *О договоре*

Наиболее распространённым видом сделок с иностранными фирмами или внешнеторговыми организациями, заключаемых советскими внешнеторговыми организациями (В/О), является сделка купли-продажи. Для того чтобы сделка была действительной, следует соблюдать условия, как например:

а) стороны, заключающие сделку, должны обладать правоспособностью и дееспособностью, т. е. иметь право совершать юридические действия, заключать сделки;

б) сделка должна быть совершена в предусмотренной законом форме;

в) содержание сделки не должно противоречить закону (в частности, сделка, нарушающая государственную монополию внешней торговли, недействительна);

г) предмет сделки должен быть определённым или определимым, т. е. содержание сделки должно быть таково, чтобы оно позволяло определить её предмет.

Договор купли-продажи, или контракт, содержит, как правило, следующие основные данные: 1) номер контракта, 2) место и дату заключения контракта, 3) наименование сторон, заключающих контракт, 4) предмет контракта и наименование товара, 5) количество и качество товара, 6) цену и общую стоимость поставки, 7) место поставки, 8) срок поставки, 9) требования к упаковке и маркировке, 10) условия и порядок платежа, 11) условия испытания, сдачи и приёмки товара, 12) транспортные условия, 13) условия о гарантиях и санкциях, 14) условия об арбитраже, 15) условия о технической документации, 16) прочие условия, 17) юридические адреса сторон, 18) подписи покупателя и продавца.

Все поставки товаров между внешнеторговыми организациями стран-участниц СЭВа осуществляются на основании «Общих условий СЭВ» и соответствующих дополнений.

При заключении контракта стороны могут отступить от положений этих общих условий, когда такое отступление необходимо вследствие специфики товара или особенностей поставки.

Контракт считается заключённым после согласования договаривающимися сторонами всех существующих пунктов контракта и подписания его.

14.2. *(стр. 109—114)*

14.3. *Слова и выражения*

распространи́ть v., -ню́, -ни́шь распространя́ть uv., ня́ю, -ня́ешь	to spread, scatter, distribute
правоспосо́бность, -и	legal capacity
дееспосо́бность, -и	ability to act or work, to carry on a business
соверши́ть v., -шу́, -ши́шь соверша́ть uv., -а́ю, -а́ешь	to complete, carry out, execute, fulfil
юриди́ческий	legal
противоре́чить uv., -чу, -чишь	to contradict, contravene
наруша́ть uv., -а́ю, -а́ешь нару́шить v., -шу, -шишь	to injure
~ зако́ны	to break the law, act contrary to the law
законода́тельство	legislation
соверше́ние	completion, fulfilment
страна́-уча́стница	member country
СЭВ (Сове́т экономи́ческой взаимопо́мощи)	CMEA (Council for Mutual Economic Assistance)
отступле́ние (от чего-л.)	departure, digression, exception
~ от пра́вил	exception to the rule
~ от те́мы	digression from the subject
~ в виде исключе́ния	exceptionally
отступи́ть (от чего) v., -уплю́, -у́пишь отступа́ть uv., -а́ю, -а́ешь	to depart, deviate (from sth.)
~ от догово́ра	to deviate from the contract (break the contract)
~ от зако́на	to contravene the law, break the law
отступи́ться (от чего-л.) v. -уплю́сь, -у́пишься отступа́ться uv., -а́юсь, -а́ешься	to diverge, deviate from; to withdraw from sth.
~ от догово́ра	to withdraw from the contract
~ от своего́ сло́ва	to break one's word

108

Contract No. *258/A*
Договор №

<table>
<tr><td>Berlin</td><td>10 June</td><td>19 . . .</td></tr>
<tr><td>(Place — место)</td><td></td><td>19 года</td></tr>
</table>

No. *25/3511/407/103*
№

Between
Между

(Name of Foreign Trade Organization —
наименование внешнеторгового предприятия)

(Address — адрес)

hereinafter called the Seller
именуемым в дальнейшем «Продавец»,

and
и

Moscow G-200/USSR
Smolyenskaya Sq 32/34

(Name of Foreign Trade Enterprise —
наименование внешнеторгового предприятия)

(Address — адрес)

hereinafter called the Buyer
именуемым в дальнейшем «Покупатель»,

the following Contract is concluded:
заключается нижеследующий договор:

§ 1

Object of the Contract, Delivery Conditions and Price

Предмет договора, базис поставки и цена

The Seller will sell to the Buyer on the following conditions:

Продавец продаёт Покупателю на условиях

free on wagon frontier of the Selling Country   *Frankfurt/Oder*

франко вагон граница страны Продавца

f. o. b. at port of ~~GDR/USSR*~~

~~фоб порт ГДР/СССР~~*

the following machines and equipment:

нижеследующие машины и оборудование:

Description of the Goods Наименование товара	Trans. No. or AHB No. Транс № или АХБ-№	Quantity (Units and/or Weight) Количество (штук и/или вес)	Price per unit in roubles Цена за единицу в руб.	Total price in roubles Общая стоимость в руб.
Hotwire-Anemometer, Cat. No. III-155	*Naryad No.*	*6 units*	*210*	*1,260*

The total price of the machines and equipment to be delivered amounts to   *1,260*   roubles

Общая стоимость поставляемых машин и оборудования составляет   (Amount — сумма)   руб.

in words   *one thousand two hundred and sixty*   roubles

прописью   руб.

The prices comprise the above-mentioned delivery conditions including marking and packing for export appropriate to the forwarding requirements of the goods.

Цены понимаются согласно вышеназванному базису поставки, включая стоимость маркировки и экспортной упаковки, соответствующей транспортным условиям для данного товара.

*) Delete what is not applicable and insert name of port as necessary.

*) Ненужное зачёркивается и в соответствующем случае указывается наименование порта.

§ 2

Delivery Dates

Сроки поставок

Delivery of the goods will be made on the following dates:
Поставка товаров производится в следующие сроки:

15 Sep 19_____

Earlier delivery only after consultation with the recipient and if the Contract is signed before 20 August 19_____

§ 3

Quality

Качество

The quality of the machines and equipment to be delivered in accordance with this Contract must correspond to:
Качество поставляемых по натоящему договору машин и оборудования должно соответствовать:

According to the quality regulations of the supplying factories.

§ 4

Conditions of Payment

Условия платежа

1. Payment for the goods delivered will take place against presentation of the following documents at the:
Оплата поставленного товара производится против представления нижеследующих документов в:

_____

(Name of the bank — наименование банка)

(a) Invoice in triplicate,
специфицированного счёта -3 экз.,

(b) Packing notes, single copy,
упаковочных листов -1 экз.,

(c) Duplicate freight-note/~~ship's bill of lading/river loading certificate or forwarding agent's dispatch confirmation or warehousing certificate~~,
дубликата железнодорожной накладной/~~бортового коносамента/водной накладной или экспедиторской расписки на отправку, или складского свидетельства~~,

(d) Certificate of Quality (manufacturer's document confirming that the quality of the machines and equipment agrees with that laid down in the Contract),

сертификата о качестве (документа завода-изготовителя, подтверждающего соответствие качества машин и оборудования договорным условиям),

(e) Copies of Test Report

копий протоколов испытаний,

---

2. Payment will take place only for units delivered complete in accordance with the Contract.

Оплата производится только за поставленные согласно договору комплектные единицы.

§ 5

Period of Guarantee

Гарантийный срок

The period of Guarantee according to
§ 23 of the General Conditions of the CMEA 1958 is   *nine*   months

Гарантийный срок, согласно § 23 «Общих условий СЭВ 1958 года», составляет   месяцев,

     calculated from   *date of delivery* .

     считая с

§ 6

Technical Documentation

Техническая документация

1. The Seller will send to the Buyer at the latest by _____ *19*

Продавец посылает Покупателю не позднее   19   года

the following technical papers in _____ copies in _____ language:

следующие технические материалы в   комплектах на   языке

(a) General drawings giving all main parts of the machines and equipment,

чертежи общего вида с указанием всех главных деталей машин и оборудования,

(b) List of main parts and of structural groups,

список главных деталей и узлов,

(c) Foundation drawings,

чертежи фундаментов,

(d) Assembly drawings and basic plans (electrical, kinematic, hydraulic, pneumatic plans, lubrication and cooling diagrams, etc.) with appropriate complete descriptions,

сборочные чертежи и принципиальные схемы (электрические, кинематические, гидравлические, пневматические, смазки и охлаждения и др.) с соответствующими подробными описаниями,

(e) Instructions for the assembly, installation, putting into operation, servicing and repair of the machines and equipment,

руководства для сборки, наладки, пуска в эксплуатацию, обслуживания и ремонта машин и оборудования,

(f) List of rapidly wearing parts,

список быстроизнашивающихся деталей,

*) Delete what is not applicable or supplement as necessary.
*) Ненужное зачёркивается, а необходимое дополняется.

(g) Catalogue of spare parts
каталог запасных частей,

(h) Workshop drawings of rapidly wearing parts
рабочие чертежи быстроизнашивающихся деталей,

2. Two copies of the technical papers, the officially signed report of workshop tests**) of the machines and equipment along with the passports**) will be sent along with the machines and equipment.
Два комплекта вышеуказанных технических материалов, официально подписанных протоколов завод-ского испытания**) машин и оборудования, а также паспорта**) отсылаются вместе с машинами и оборудованием.

§ 7

Packing and Marking

Упаковка и маркировка

Packing and marking of the goods is to be carried out in conformity with Articles 14 to 17 of the General Conditions of the CMEA 1958. In Addition to the details required in Article 17 the Trans No.***)/AHB No. ****) will be fixed on each case.

Упаковка и маркировка товара должны производиться согласно §§ 14-17 Общих условий СЭВ 1958 года. Наряду с требуемыми § 17 данными, на каждом месте должен указываться транс №***)/АХБ-№****).

§ 8

Informing of Delivery

Извещение о поставке

The Seller will inform the Buyer of the shipment of the goods in the case of rail transport at least
Продавец извещает Покупателя об отгрузке товара при железнодорожных перевозках не позднее, чем

in the course of _____*five days*_____ after shipment of the goods.
в течение   после отгрузки товара.

In the Advice of Delivery, in addition to the details required by Art. 32 of the General Conditions of the CMEA 1958, the Gross Weight, the Value of the Delivery as well as the Trans No.***)/AHB-No.****) will be stated.

В извещении указываются наряду с данными, требуемыми § 32 Общих условий СЭВ 1958 года, вес брутто, стоимость поставки, а также транс №***)/АХБ-№****).

In the case of sea transport, in addition to the details required by Art. 33 of the General Conditions of the CMEA 1958, the Advice of Delivery will state the value of the delivery as well as the Trans No.***)/AHB No.****)

При морских перевозках в извещении наряду с данными, требуемыми § 33 Общих условий СЭВ 1958 года, указываются стоимость поставки, а также транс №***)/АХБ-№****).

*) Delete what is not applicable or complete as necessary.
*) Ненужное зачёркивается, а необходимое дополняется.
**) Delete if not required.
**) Зачёркивается, если не требуется.
***) In the case of deliveries to the USSR.
***) При поставках в СССР.
****) In the case of deliveries to the GDR.
****) При поставках в ГДР.

§ 9

Additional Conditions

Дополнительные условия

With equipment operated under pressure or with lifting devices, along with a test report will be attached 2 copies of certificates on the quality of the materials used and of the welding work as well as test reports on this equipment made out by the inspector of a competent local technical inspection organization.

Для оборудования, работающего под давлением, или для подъёмных приспособлений вместе с протоколом испытания прилагаются 2 экземпляра сертификата о качестве применявшегося материала и произведенных сварочных работ, а также протоколы испытаний этого оборудования, составляемые инспектором соответствующего местного технического контрольного органа.

§ 10

Other Conditions

Прочие условия

In all other respects the following will apply: "The General Conditions for the supply of goods between the Foreign Trade organizations of the member countries of the Council for Mutual Economic Assistance" (General Conditions of the CMEA 1958) and the Report on the Additions to the General Conditions of the CMEA 1958, signed on the 11 April 1958 by the plenipotentiaries of the Ministry of External Economic Relations of the GDR and of the Ministry for Foreign Trade of the USSR.

Во всём остальном действуют Общие условия поставок товаров между внешнеторговыми организациями стран-участниц Совета Экономической Взаимопомощи (Общие условия СЭВ 1958 года) и Протокол о дополнениях к «Общим условиям СЭВ 1958 года», подписанный 11 апреля 1958 года уполномоченными Министерства внешнеэкономических связей ГДР и Министерства внешней торговли СССР.

This Contract contains in all _____6_____ pages as well as _____1_____ attachment with

Настоящий договор составлен на   страницах, с   приложениями

in total _____3_____ pages made out in _____6_____ copies in German and Russian

всего на   страницах и в   экземплярах на немецком и русском языках,

and of which the Seller receives _____2_____ copies and the Buyer _____4_____ copies.

из которых Продавец получает   экземпляров, а Покупатель   экземпляров.

_____   _____
(Seller — Продавец)   (Buyer — Покупатель)

положе́ние	situation; provisions
согласова́ть v., -су́ю, -су́ешь согласо́вывать uv., -аю, -аешь	to agree, co-ordinate, harmonize
вы́вод	deduction, conclusion
прийти́ к вы́воду	to come to the conclusion
сде́лать вы́воды	to draw the conclusion
поспе́шный вы́вод	hasty conclusion
имену́емый в дальне́йшем ...	hereinafter called
ба́зис поста́вки	conditions of delivery
фоб порт ГДР/СССР	f.o.b. port GDR/USSR
Нену́жное зачёркивается.	Delete what is not applicable.
бортово́й коносаме́нт	ship's bill of lading
накладна́я для речны́х перево́зок	river transport certificate
экспеди́торская распи́ска на отпра́вку	forwarding agent's dispatch cert.
складско́е свиде́тельство	certificate of warehousing
сертифика́т о ка́честве	certificate of quality
догово́рные усло́вия	contractual conditions
протоко́л испыта́ния	test report
компле́ктно поста́вленные едини́цы	units delivered complete
гаранти́йный срок	period of guarantee
счита́я с (чего)	calculated from
посла́ть не поздне́е ...	to send at the latest by (not later than) ...
материа́лы в 4 компле́ктах	papers in 4 copies
чертёж о́бщего ви́да	general, overall drawing
с указа́нием	giving, showing
спи́сок, -ска	list
чертёж фунда́мента	foundation sketch
сбо́рочный чертёж	assembly drawing
кинемати́ческий	kinematic, mechanical
гидравли́ческий	hydraulic
пневмати́ческий	pneumatic
схе́мы сма́зки и охлажде́ния	lubrication and cooling plan
руково́дство для сбо́рки (нала́дки, пу́ска в эксплуата́цию, обслу́живания и ремо́нта)	guide to assembly (installation, putting into operation, servicing and repair)
(быстро)изна́шивающиеся дета́ли	rapidly wearing parts
катало́г запасны́х часте́й	spare parts catalogue
рабо́чие чертежи́	workshop drawings
официа́льно подпи́санный	officially signed
заводско́е испыта́ние	works test
па́спорт маши́ны, Pl. паспорта́, -о́в	machine passport
ме́сто	case
на ме́сте	on the case
в ме́сте	in the case
извеще́ние	informing, advising

извести́ть (кого о чём-л.) v., -ещу́, -ести́шь	to inform, advise
извеща́ть uv., -а́ю, -а́ешь	
наряду́ с тре́буемыми да́нными	in addition to the required details
морска́я перево́зка	sea transport
давле́ние	pressure
подъёмный	lifting
~ кран	~ crane
приспособле́ние	device
сва́рка	welding
сва́рочный	welding (adj.)
ме́стный контро́льный о́рган	local inspection organization
во всём остально́м	in all other matters

14.4. *Упражнения и задания*

14.4.1. *Прочитайте и переведите текст гл. 14.1.*

14.4.2. *Ответьте на вопросы к тексту гл. 14.1.:*

1. Какой вид сделок является наиболее распространённым?

2. Назовите условия, которые следует соблюдать, чтобы сделка была действительной.

3. Какие основные данные содержит договор купли-продажи?

4. На каком основании осуществляются все поставки товаров стран-участниц СЭВ?

5. Когда можно отступить от положений «Общих условий поставок СЭВ»?

14.4.3. *Прочитайте типовой договор гл. 14.2.*

14.4.4. *Ответьте на вопросы к договору 14.2.:*

1. Какие страны пользуются этим типовым договором?

2. Против представления каких документов производится оплата поставленных товаров?

3. Какие технические документы посылает продавец покупателю?

4. Что сказано в договоре об извещении о поставке?

5. Что сказано в договоре о прочих условиях?

14.4.5. *Переведите и составьте предложения:*

1. most common form of contract; 2. to sign a contract; 3. to withdraw from a contract; 4. to fulfil the contract; 5. to break the contract; 6. not to contravene the legal prescriptions; 7. to have commercial and legal capacity; 8. to agree upon a departure from the legal prescriptions; 9. to permit no hasty conclusions; 10. to draw the conclusions; 11. to deliver f.o.b. port of the USSR; 12. to deliver free at frontier of the USSR; 13. Delete if not applicable; 14. units delivered complete; 15. The period of guarantee is; 16. to attach the instructions for use as well as the lubrication and cooling diagrams; 17. replacement and spare parts catalogue; 18. to inform the supplying firm.

14.4.6. *Переведите дополнительно (Контроль на стр. 204):*

1) выдача заказа в скором времени, 2) платить наличными, 3) вычислить расходы (калькулировать ~), 4) получать (приобретать) товары, 5) установить цену брутто (валовую цену), 6) соблюдать срок поставки, 7) установление цены соответствует проформа-счёту, 8) возможные поставки, 9) для нас очень важно (мы придаём этому большое значение), 10) предоставить скидку, 11) в положительном случае, 12) ввести машину в эксплуатацию, 13) приложить инструкцию по эксплуатации, 14) ежемесячно равными партиями, 15) поставлять готовые изделия из искусственных. материалов, 16) с немедленной поставкой, 17) по вашему выбору (решению), 18) отметить цену нетто, 19) авиапочтой, заказным письмом (железной дорогой, самолётом, автомобилем), 20) платить комиссионные деньги, 21) зафрахтовать судно, 22) указать технические данные, 23) снабдить оборудованием, 24) взять на себя страхование, 25) выезжать в командировку, 26) вернуться к переговорам, 27) установить ассортимент, 28) упомянутые обстоятельства, 29) план сборки и установки оборудования, 30) в день приёмки партии, 31) узнать из объявления, 32) готовность пойти вам навстречу, 33) учесть (принять во внимание) обстоятельства, 34) дать отрицательный ответ, 35) открытие аккредитива, 36) послать предложение без обязательства, 37) по рекомендации вашего представителя, 38) воспользоваться случаем и порекомендовать наши новые изделия, 39) учитывая наше положение (нашу ситуацию), 40) навести справку по следующему делу.

14.4.7. *Прочитайте и переведите §§ 1—8 «Общих условий поставок СЭВ» (на стр. 210).*

117

14.4.7.1. *Задания:*

1. Расскажите о порядке заключения контракта (§§ 1—3)
2. Что означает базис поставки? (§§ 4—8).
3. Объясните понятия фоб, сиф, каф порт. (§§ 5—6).

14.4.7.2. *Некоторые слова и выражения*

огово́рка	stipulation, condition, clause
телета́йп	teleprinter
ка́к-то	as, for example
предписа́ние	instruction, order
предше́ствующая перепи́ска	previous, preceding, earlier correspondence
нести́ расхо́ды	to bear the costs
перегру́зка	transhipment
перестано́вка	change of position, conversion
колесо́, Pl. колёса	wheel, ring
со́бственность, -и	property, possession
~ на това́р	property in the goods
переда́ть в его ~	to transfer possession to him
перейти́ в наро́дную ~	go over into national property
стать наро́дной ~-ью	to become national property
утра́та	loss
поврежде́ние	damage
осмо́тр, прове́рка, контро́ль, -я	examination, checking
тамо́женный досмо́тр	customs examination
трюм су́дна	ship's hold, cargo space
укла́дка	packing, storing
шти́вка	stowing
вы́грузка	unloading, discharging
вы́грузить v., -жу, -зишь выгружа́ть uv., -а́ю, -а́ешь	to unload, discharge
возмеще́ние расхо́дов	repayment of expenses, costs
возмести́ть (кому что-л.) v., -ещу́, -ести́шь возмеща́ть uv., -а́ю, -а́ешь	to repay, refund
~ ему́ расхо́ды	to refund to him expenses, costs
ве́домство	(competent) authority
сепарацио́нный	stowage (adj.)

118

УРОК ПЯТНАДЦАТЫЙ

15. Общие условия поставок СЭВ

15.1. *Прочитайте и переведите §§ 9—13 «Общих условий поставок СЭВ» (на стр. 212).*

15.1.1. *Некоторые новые слова*

срок   time limit

    догово́рный ~ исполне́ния   agreed time for fulfilment
    дополни́тельный (льго́тный) ~   extension of time
    испыта́тельный ~   trial period, proving period
    исте́кший ~   expired time limit
    кра́йний (преде́льный) ~   ultimate date, maximum period
    нача́льный ~   date of commencement
    конча́тельный ~   final date
    твёрдый ~   fixed date, time limit
    ~ гара́нтии, да́вности   period of guarantee
    ку́пля-прода́жа на срок   time limit transaction
    истече́ние сро́ка   expiry of time limit
    по истече́нии сро́ка   on expiry of time limit
    продле́ние сро́ка   extension of time limit
    вы́держать (соблюда́ть) ~   to keep to the time limit (date)
    переноси́ть сро́ки   to exceed the time limit
    сократи́ть сро́ки   to shorten the time limits
    продли́ть сро́ки   to extend the time limits
    поста́вить в срок (к сро́ку)   to deliver in accordance with the time limit, by due date

    в коро́ткий срок   within a short time
    до сро́ка   before expiry of the time limit
    на срок   forward, on credit
    на како́й срок?   for how long?
    пришёл (истёк) срок   the time limit has expired
    действи́тельно сро́ком до 20 ма́рта   valid until 20 March
    ~ сро́ком на 10 дней   valid for 10 days
    ~ сро́ком до ...   valid till ...
впосле́дствии измени́ть (что-л.)   to change sth. subsequently (later)
суще́ственный   fundamentally
затрудне́ние   difficulty, hindrance
перенесе́ние сро́ка   postponement, extension of the period (of the date)

соразме́рный   fitting, appropriate

заде́ржка	delay
~ в пути́	delay en route
~ платеже́й	delay in payment, default
~ поста́вки	delay in delivery
~ в сбы́те	stagnation in trade, stagnant market
убы́ток, -тка	damage, loss, detriment
ощути́мый ~	serious damage
случа́йный ~	fortuitous damage
тота́льный ~	total loss
части́чный ~	partial loss
~ от ава́рии	average loss
возмеще́ние убы́тков	amends, indemnification, indemnity, (in money) compensation
причине́ние убы́тка	infliction of damage
быть (оказа́ться) в убы́тке	to be at a disadvantage
лиши́ть (чего-л.) v., -шу́, -ши́шь	to take from, deprive
лиша́ть uv., -а́ю, -а́ешь	
~ покупа́теля пра́ва	to take from the buyer, deprive the buyer of, the right
оговори́ть v., -рю́, -ри́шь	to stipulate, agree
огова́ривать uv., -аю, -аешь	
сре́днее ка́чество	average, middling quality
усоверше́нствование	completion
соглаше́ние	agreement
валю́тное ~	monetary agreement, currency agree-business arrangement [ment
делово́е ~	business arrangement [ment
межба́нковское ~	bank agreement
межгосуда́рственное ~	intergovernmental agreement
прийти́ к соглаше́нию	to agree, come to an agreement
по соглаше́нию	according to the agreement
по взаи́мному ~-ию	by mutual agreement
сообще́ние	traffic, communication(s)
грузово́е ~	goods traffic
пути́ ~-ия	transport routes, lines of communi-transhipment [cation
перегру́зка	transhipment [cation
в пути́ сле́дования	en route, in the course of the journey (shipment)
ста́нция назначе́ния	station of destination
взве́шивание	weighing
взве́сить v., -шу, -сишь	to weigh
взве́шивать uv., -аю, -аешь	
~ това́р	to weigh the goods
СМГС (Соглаше́ние о междунаро́дном грузово́м сообще́нии)	Agreement re the International Carriage of Goods by Rail (S.M.G.S.)
сохра́нная распи́ска	warehousing certificate, receipt
метра́ж, -а́	length in metres, unit of measurement
короткометра́жный фильм	a short (film)

120

15.2.   *Ответьте на вопросы (§§ 9—13):*

1. Когда продавец имеет право на соразмерное перенесение срока поставки?

2. Когда считается датой выполнения поставки день, в который прибыла последняя часть заказанной машины?

3. При каких условиях продавец обязан поставить товар среднего качества?

4. При каких условиях могут быть учтены предложенные после заключения контракта изменения конструкции?

5. Расскажите об определении количества мест и веса поставленного товара:
   а) при железнодорожных перевозках,
   б) при автомобильных перевозках,
   в) при водных перевозках,
   г) при воздушных перевозках,
   д) при почтовых отправлениях,
   е) в случае передачи товара на склад.

15.3.   *Переведите и составьте предложения:*

1. the time limit has expired; 2. within a short time; 3. to be valid until 15th inst.; 4. to shorten (extend, exceed) the time limit; 5. to keep to the time limit at all costs; 6. the latest possible date; 7. to conclude a forward transaction; 8. to deliver by the agreed date; 9. to agree a fixed date; 10. before (after) expiry of the time limit; 11. to cause difficulties; 12. to compensate for damage; 13. appropriate extension of time; 14. to agree a favourable delivery date; 15. to vary the contract by mutual agreement; 16. to weigh the goods.

15.4.   *Краткие диалоги*

1. К. — Скажите, пожалуйста, как мне попасть в гостиницу «Космос»? (доехать до гостиницы ...)

   Л. — К сожалению, не знаю, я не здешний. Спросите милиционера, он вам объяснит.

   К. — Товарищ милиционер, как мне попасть в гостиницу «Космос»?

М. — Лучше всего на троллейбусе. Вот остановка 5(-го) троллейбуса. Но лучше ехать на 7(-ом), так как 5(-ый) не доходит до гостиницы и Вам придётся целую остановку идти пешком.

К. — Спасибо.

2. К. — Скажите, пожалуйста, как мне доехать до ГУМа?

Л. — До ГУМа можно доехать на метро или на автобусе.

К. — Далеко отсюда до станции метро?

Л. — Нет, не очень, отсюда не больше семи — восьми минут ходьбы.

К. — А каким автобусом можно туда доехать?

Л. — 59 (пятьдесят девятым) или 62 (шестьдесят вторым).

3. К. — Скажите, пожалуйста, где здесь поблизости остановка такси?

Л. — Вот — за углом.

К. — Такси свободно?

Д. — Да, пожалуйста, садитесь. Вам куда (ехать)?

К. — Мне в гостиницу «Метрополь».

Д. — Через десять минут будем у гостиницы.

К. — Сколько с меня?

Д. — Один рубль.

К. — Пожалуйста. Всего хорошего.

4. К. — Скажите, пожалуйста, у вас есть свободный номер?

А. — Да, есть. Нужен вам номер на одного или на двоих?

К. — Мне нужен номер на двоих, желательно с ванной и телефоном.

А. — У нас все комнаты с удобствами. Как долго вы пробудете тут?

К. — Дней пять — шесть.

А. — Заполните, пожалуйста, бланк для приезжающих. Ваш номер на пятом этаже, можете подняться на лифте.

К. — Спасибо.

А. — Не забудьте ключ от вашего номера.

15.4.1. *Задания:*

1. Прочитайте и выучите эти краткие диалоги.
2. Напишите сами 4 подобных диалога.

15.5. *Прочитайте, переведите, выучите новые слова и перескажите содержание:*

Цена

Цены, указанные в договорах, зависят от того, до какого места продавец оплачивает расходы. Например, в договоре может быть сказано: «Цена понимается франко вагон германо-польская граница». Это значит, что продавец оплачивает транспортировку товара (и его страхование) до границы своей страны. Иная формулировка, например:

1. Франко склад (или завод) продавца. В этом случае все расходы падают на покупателя, получившего товар со склада продавца.
2. Франко железнодорожная станция: продавец доставляет товар на ближайшую к нему железнодорожную станцию.
3. Франко вагон: продавец оплачивает также и все расходы, связанные с погрузкой товара в вагон.
4. Франко вагон станция назначения: продавец оплачивает стоимость транспортировки (и страховки) до станции, указанной покупателем.
5. Франко станция назначения: продавец оплачивает и стоимость разгрузки вагона.
6. Франко склад (завод) покупателя: продавец оплачивает все расходы и доставляет товар в указанное покупателем место.

Кроме того, при морских перевозках существуют известные в международной торговле условия:

1. Фас — с поставкой товара к месту погрузки парохода (франко вдоль борта судна);
2. Фоб — продавец оплачивает и расходы по погрузке товара на пароход;
3. Сиф — продавец оплачивает транспорт и страхование до порта назначения.

Цена иногда связана с вопросом упаковки. В цену может быть включена упаковка, но это не обязательно.

В тех случаях, когда качество товара может изменяться (например, в договоре сказано «по выбору продавца», «по выбору покупателя»), стороны устанавливают кроме базисной цены, также условия о скидках за повышенное или пониженное качество. Подобные условия применяются в торговле рудой, зерном и т. п.

В торговых отношениях между странами социалистического лагеря продажа товаров обычно осуществляется на условиях франко вагон пограничная станция или фоб. Цены определяются в переводных рублях — валюте, совершенно устойчивой.

В торгово-договорной практике встречаются договоры, в которых определена так называемая ориентировочная цена товара, а окончательная цена устанавливается дополнительно (в особенности при поставках новых машин и оборудования). В подобных случаях стороны должны прийти к соглашению относительно окончательной цены не позднее срока, указанного в договоре (... до 1 мая 19.. г., но, как правило, не позднее 3-х месяцев со дня заключения договора и т. п.).

16. Общие условия поставок СЭВ (продолжение)

16.1. *Прочитайте и переведите §§ 14—19 «Общих условий поставок СЭВ» (на стр. 213):*

16.1.1. *Некоторые новые слова*

учёт	consideration; accounting; registration; discounting; discount
с учётом (чего-л.)	in consideration of, in view of, on account of
без учёта (чего-л.)	without taking into account
~ потре́бностей	meeting of demand
вести́ ~	to keep books, enter, keep a check
проводи́ть ~	to take stock
закры́то на ~	closed for stock-taking
ста́вка учёта	rate of discount
надлежа́щий	corresponding, appropriate, due
в надлежа́щий срок	on due date, punctually
надлежа́щим о́бразом	appropriately, duly
продолжи́тельность, -и	duration, continuation
продолжи́тельный	enduring, continuous
на ~-ное вре́мя	for some time
~-ое отсу́тствие	extended absence
~-ые моро́зы	continuous frost
изложе́ние	setting forth; statement; exposition (interpretation)
непромока́емый	water-tight, waterproof
~-ое пальто́	raincoat
~-ые сапоги́	rubber boots, gumboots
прикрепи́ть (что-н. к чему-л.) v., -плю́, пи́шь	to fix, affix, tie on
прикрепля́ть uv., -я́ю, -я́ешь	
нару́жный	outer, external
~-ая сторона́	outside
~-ая стена́	external wall
водонепроница́емый	non-porous, impermeable
жесть, -и	tin
жестяно́й	tin (adj.)
пласти́нка	plate, disc
прива́рка	welding on

125

прива́ривать uv., -аю, -аешь
  привари́ть v., -арю́, -а́ришь
поме́стный (на каждое место)
вес
весово́й
весовщи́к
слу́чай
  в изве́стных слу́чаях
  по́льзоваться слу́чаем
  пропусти́ть слу́чай
  е́сли предста́вится слу́чай

  в да́нном слу́чае
  при слу́чае
  купи́ть по слу́чаю
  в слу́чае если, на слу́чай (чего-л.)
  на вся́кий слу́чай
  при вся́ком слу́чае, во вся́ком
  слу́чае
  ни в ко́ем слу́чае
  в слу́чае на́добности
  в кра́йнем слу́чае
  в проти́вном слу́чае
  в ху́дшем слу́чае
удовлетворя́ть (кого-что; чему-л.) uv.,
  -я́ю, -я́ешь
  удовлетвори́ть v., -рю́, -ри́шь
  ~ потре́бности населе́ния
  ~ про́сьбу
  ~ тре́бованиям
предупреди́ть v., -ежу́, -еди́шь
  предупрежда́ть uv., -а́ю, -а́ешь
предупреди́тельная маркиро́вка
маркирова́ть uv./v., -ру́ю, -ру́ешь
проста́вить v., -влю, -вишь
  проставля́ть uv., -я́ю, -я́ешь
дробь, -и
  десяти́чная дробь
числи́тель, -я
знамена́тель, -я
инстру́кция по ухо́ду
вруче́ние
предоста́вить в распоряже́ние покупа́-
  теля (что-л.)
наря́д
  ~ на вы́дачу това́ра

to weld on

(here) for each individual case
weight
weight, weighing (in compounds)
weigher
incident, case, contingency
  in certain circumstances
  to make use of the opportunity
  to miss the opportunity
  in so far as (if) the opportunity
  presents itself,
  in such an event
  occasional, on occasion
  to purchase incidentally
  in case, in the event that
  in any case
  at every opportunity,
  at all events
  not at all, on no account
  in case of necessity
  in the extreme case
  otherwise
  at worst
to satisfy, fulfil; to meet (a requirement)

  to satisfy the requirements of the people
  to fulfil a wish, request
  to meet the demands
to warn, guard against; inform in good
  time (draw attention to)
special (warning) notice
to label, mark
to put, state, give (the date, name, etc.)

fraction
  decimal fraction
numerator
denominator
maintenance and servicing notes
handing over
to place sth. at the buyer's disposal

order, instructions (for delivery)
  goods release certificate

~ на погру́зку	shipping order
вы́писать ~	to write out an order
предъяви́ть ~	to present an order
сохрани́ть (сохраня́ть) за собо́й пра́во	to reserve the right
оста́вить (оставля́ть) за собо́й пра́во	
исключи́тельный	exclusive
аннули́ровать uv./v., -рую, -руешь	to annul, cancel, invalidate
аннули́рование контра́кта	annulment of the contract
по тре́бованию продавца́	at the seller's request
промедле́ние	delay
взаимоотноше́ния	mutual relationship, reciprocity

16.2. *Упражнения и задания*

16.2.1. *Ответьте на вопросы (§§ 14—19 «Общих условий ...»):*

1. Как нужно упаковать экспортные товары, если в контракте нет особых указаний относительно упаковки?

2. Что указывается в упаковочном листе при поставках оборудования и машин?

3. Что ещё нужно учесть при поставках оборудования и машин?

4. Что вы знаете о маркировке экспортных товаров?

5. Что вы знаете о передаче технической документации покупателю?

16.2.2. *Переведите и составьте предложения:*

1. for some time; 2. duly, appropriately; 3. to deliver to time; 4. closed for stock-taking; 5. to take stock; 6. price no object (without taking price into consideration); 7. in the extreme case (at worst); 8. in no case; 9. at any rate; 10. to help if necessary; 11. otherwise to annul the contract; 12. to satisfy the requirements; 13. to meet all demands; 14. to use the opportunity; 15. to miss an opportunity; 16. at every opportunity; 17. to mark the cases clearly; 18. to put on the serial numbers; 19. to enclose the instructions for use and maintenance; 20. to reserve the right; 21. to annul the contract; 22. to send the technical documentation back without delay; 23. at the seller's request; 24. at latest 4 weeks after annulment of the contract.

16.2.3. О торговле между СССР и ГДР

Торговля между СССР и ГДР, как и между другими социалистическими странами, развивается на базе долгосрочных соглашений, которые способствуют увязке перспективных народнохозяйственных планов этих стран. 3 декабря 1965 г. в Берлине было заключено долгосрочное торговое соглашение между СССР и ГДР на 1966—1970 гг. За период действия соглашения СССР поставил в ГДР 31,5 млн. т каменного угля, 6 млн. т кокса, 36 млн. т нефти, более 6 млн. т железной руды (в пересчёте на железо), 3,7 млн. т чугуна, 12 млн. т проката черных металлов и труб, более 1 млн. т цветных металлов, 10,6 млн. куб. м лесоматериалов, 280 тыс. т целлюлозы, 410 тыс. т хлопка, 75 тыс. т шерсти и другие товары.

Долгосрочным соглашением предусматривалось значительное увеличение поставок из СССР машин и оборудования. В указанные годы в ГДР были поставлены 8500 станков и кузнечно-прессовых машин, 15 тысяч тракторов, 6 тысяч грузовых автомобилей, 450 специальных экскаваторов, 80 тысяч легковых автомобилей, на 140 млн. марок полупроводников и другие машины и оборудование.

ГДР поставила в СССР в 1966—1970 гг. 339 судов, 3130 пассажирских вагонов, 5250 рефрижераторных вагонов, свыше 100 тыс. тонн прокатного оборудования, на 87 млн. рублей приборов, значительное количество металлорежущих станков, кузнечно-прессовых машин, оборудования для лёгкой, пищевой и других отраслей промышленности, химические товары, кабельные изделия, товары широкого потребления и другие товары.

Развитие внешней торговли на основе долгосрочных соглашений обеспечивает обеим странам планомерную загрузку промышленных предприятий и снабжение их необходимым сырьём и материалами.

16.2.3.1. Задания:

1. Прочитайте, переведите и выучите новые слова главы 16.2.3.

2. Поставьте 10 вопросов относительно товарообмена между СССР и ГДР, используя новые слова гл. 16.2.3.

3. Расскажите о товарообмене между СССР и ГДР и напишите диалог на эту тему.

16.2.4.   *Переведите и дополните (Контроль на стр. 205):*

1. Deliveries will take place on the basis of the General Conditions of Delivery of ... and of the supplementary conditions which have been laid down by the ... and the USSR.

2. The conditions of delivery are in accordance with international usage and interpreted in accordance with "Incoterms 19..".

3. You would have, of course, to undertake not to sell the goods to other countries either personally or through a third party.

4. Our confirmation of order is at the same time the export permit required by law and confirms that the goods ordered, in respect of quality and quantity, are delivered in accordance with the agreed conditions.

5. Delivery time (delivery date): (a) has yet to be agreed, (b) about ... weeks after receipt of your order, (c) will be fixed and announced after specification of the goods and quantities in question.

6. Commencement of Delivery: (a) ... weeks after receipt of the release for shipment from the Foreign Trade Organization ..., (b) on punctual communication of the appropriate shipping arrangements in monthly part deliveries yet to be agreed, (c) about ... weeks after receipt of notification of the opening of a letter of credit by the Deutsche Außenhandelsbank AG, (d) on adhering to the date of opening of the above-mentioned credit at the beginning of the ... quarter of 19..

7. Conditions of Payment: by immediate cash against documents in accordance with the Trade Agreement: by collection of documents; payment against documents; payment is by net cash, 30 days after date of receipt of statement; payment takes place immediately on examination of goods; cash on delivery; acceptance bill against documents.

8. Please inform us which facilities for payment you have at your disposal.

9. In our recent conversation we were agreed that for this transaction the most suitable method of payment is a confirmed, irrevocable credit with payment made against marine bill of lading in triplicate.

10. Because of the lack of facilities for payment in cash, settlement can be made only by means of a clearing arrangement.

11. The clearing will take place within the barter transaction No. ... on the above-mentioned conditions of payment.

12. Settlement will take place not by payment in cash or transfer of foreign exchange but by exchange of goods for goods.

13. Payment is requested before shipment of the goods by the opening of a confirmed, irrevocable, divisible letter of credit with the Deutsche Außenhandelsbank AG, Berlin.

14. In order to make the arrangement in good time it is necessary for the credit to be received by us approx ... weeks before delivery and to be valid until ... weeks after the handing over of the goods.

15. We are pleased now to receive your assurance that settlement will be made in the form of a 100 per cent cover of the value of the goods by a credit payable on presentation of the ship's documents.

Выполнение договора

17. Разные сообщения

17.1. *Письма*

1.

Касается: Вашего заказа № ... от ...

Сообщаем вам, что мы можем сократить на месяц срок поставки заказанных Вами текстильных товаров. Вторая партия может быть отгружена нами не в июне с. г., как было обусловлено в договоре, а уже в мае. Просим сообщить, приемлем ли для Вас этот срок отправки второй партии товара.

В ожидании Вашего скорого ответа по телеграфу остаёмся

с уважением

2.

В соответствии с § 6 договора 5 штук специальных сверлильных станков типа М 25 должны быть поставлены не позднее октября месяца с. г. При этом оговорена возможность досрочной поставки. Настоятельно просим Вас проверить ход работ по изготовлению заказанных станков и сообщить нам об этом.

Мы уверены, что исполнение этого заказа находится под Вашим постоянным наблюдением, и будем благодарны Вам, если Вы найдёте возможность начать поставку уже в настоящее время. О готовности завода к передаче этих станков просим сообщить нам телеграфом.

С уважением

3.

Касается: Вашего письма от ...

Подтверждаем получение Вашего вышеуказанного письма от ..., в котором Вы предлагаете свои услуги по поставкам товаров в 19.. г. Однако мы, к сожалению, в настоящее время лишены возможности назвать конкретное количество товаров, поскольку нами ещё не получены заявки от наших комитентов.

По получении заявок на эти товары мы будем рады воспользоваться Вашим любезным предложением.

С уважением

4.

С благодарностью подтверждаем получение Вашего письма от ... с. г. с предложением на дополнительную поставку приборов фирмы Карл Цейсс для испытания устойчивости высотных сооружений, согласно нашему запросу от ... с. г.

Мы внимательно рассмотрели с нашими заказчиками Ваше предложение и, к сожалению, должны сообщить Вам, что в настоящий момент потребности в дополнительной закупке предложенных Вами приборов у нас нет.

В случае, если у нас появится надобность в закупке этих приборов, мы обратимся к Вам дополнительно.

С уважением

5.

Разрешите напомнить Вам, что срок поставки заказанных нами пишущих машинок истекает 30. 6. 19.. г. Тем не менее мы до сих пор не имеем от Вас никаких сведений о ходе выполнения нашего заказа.

В связи с тем, что до конца срока поставки упомянутых пишущих машинок остаётся очень мало времени, просим принять все необходимые меры для того, чтобы завершить поставку в установленный срок.

В ожидании Вашего ответа остаёмся

с уважением

6.

Касается: нарядов ...

В дополнение к нашему письму от ... с. г. сообщаем Вам, что мы предполагаем заказать ещё два динамографа:

а) по наряду ...

1 динамограф на усилие 0—10.000 кг со сменными пружинами 3.000 кг, 5.000 кг и 10.000 кг.

б) по наряду ...

1 динамограф на усилие 0—10.000 кг со сменными пружинами 500 кг и 1.000 кг.

Динамографы должны соответствовать техническим условиям, изложенным в нашем письме № ... от ... с. г., с учётом изменений сообщённых в нашем письме № ... от ... текущего года. Для окончательного решения вопросов, связанных с заказом, просим Вас выдать предложение на поставку вышеуказанных динамографов.

Три экземпляра предложения с приложением окончательного текста технических условий и всей необходимой технической документации просим выслать в ... и один экземпляр в Торгпредство ГДР в СССР.

С уважением

7.

Благодарим Вас за Ваше письмо от ... с. г., в котором Вы извещаете нас о том, что Вы получили первую партию наших электроламп и удовлетворены их качеством. Вместе с тем Вы запрашиваете нас, можем ли мы поставить Вам дополнительно 5.600 электроламп в том же ассортименте и в какой срок.

Настоящим сообщаем Вам, что мы можем принять Ваш дополнительный заказ в прежнем ассортименте на условиях нашего действующего соглашения от ... 19.. г., причём отгрузка по дополнительному заказу может быть осуществлена нами в те же сроки.

В ожидании Вашего подтверждения остаёмся

с уважением

17.2. *Слова и выражения*

обусло́вить v., -влю, -вишь	to stipulate, provide for
обусло́вливать uv., -аю, -аешь	
обусло́вленный	stipulated
~ вре́менем	limited by time
~ контра́ктом	stipulated in the contract
прие́млемый	acceptable
оговорённый (оговорён, -рено́, -рена́; -ы́)	agreed, settled
досро́чный	ahead of schedule
ход рабо́т	progress (state) of the work
уве́ренный (в ком-чём-л.)	certain, convinced
~-ая рука́	steady hand
быть твёрдо ~-ым	to be firmly convinced
быть ~-ым в успе́хе	to be sure of success
быть ~-ым в нём	to rely upon him
Мы уве́рены, что ...	we are sure (convinced) that ...
наблюде́ние	supervision, control
взять под ~	to superintend, supervise
поско́льку	as, in so far as
зая́вка	requirements, notification
усто́йчивость, -и	stability, resistance, solidity, firmness
сооруж́ение	edifice, structure; plant
появи́ться v., -влю́сь, -я́вишься	to arise, present oneself, emerge
появля́ться uv., -я́юсь, -я́ешься	
напо́мнить (кому о ком-чём; кого-что) v., -ню, -нишь	to recall, to remind s.o. of sth.; to dun
напомина́ть uv., -а́ю, -а́ешь	

133

Он напо́мнил мне письмо́ (о письме́).	He reminded me of the letter.
тем не ме́нее	nevertheless, moreover
чем бо́льше, тем лу́чше	the more the better
наря́д	order, instruction
в дополне́ние к	further, supplementary (to)
динамогра́ф	dynamograph
уси́лие	force, power; effort, exertion
сме́нный	replaceable, exchangeable
пружи́на	(elastic) spring

17.3. *Упражнения и задания*

17.3.1. *Прочитайте письма главы 17.1. (1—7), переведите их и перескажите их содержание.*

17.3.2. *Переведите письма главы 17.1. (письменно) на английский язык и попробуйте перевести их обратно на русский язык.*

17.3.3. *Напишите сами два письма, используя новые слова.*

17.3.4. *Придумайте 10 предложений с модальными словами «нужно/надо» по следующему образцу:*

1. Мне *нужно* купить туфли.

2. Кому *нужно было* купить книги?

3. Нам *нужно было бы* продать эти машины.

4. Заводу *нужно будет* изготовить лучшие изделия.

17.3.5. *Придумайте 10 предложений с модальным словом «нужен» (Мне нужен автомобиль, нужен был ..., нужен был бы ..., нужен будет ...; нужна ...; нужны ...).*

17.3.6. *В ресторане*

К. — Скажите, пожалуйста, где здесь можно хорошо позавтракать, пообедать и поужинать?

А. — Недалеко отсюда есть хороший ресторан. По-моему, там прекрасно готовят и всегда большой выбор.

К. — Я предлагаю сейчас пойти туда и пообедать. Я что-то проголодался.

134

А. — С удовольствием.

Они отправились туда на автобусе и находятся теперь в ресторане.

К. — Здесь не занято?

Официант — Нет, свободно. Садитесь, пожалуйста, Вот меню.

А. — Какие есть закуски?

К. — Салат из огурцов, салат с крабами, мясной салат, осетрина, икра ...

А. — Пожалуй, я возьму мясной салат, а ты что возьмешь?

К. — Я возьму салат из огурцов.

А. — А какие супы есть в меню?

К. — Щи, борщ, суп рисовый, гороховый, фруктовый, овощной, вегетарианский ...

А. — Я возьму овощной суп. А ты?

К. — А я — борщ украинский.

А. — А что возьмём на второе и третье?

К. — Я посоветовал бы заказать курицу с рисом или рыбу.

А. — Товарищ официант, мы хотели бы заказать мясной салат, салат из огурцов, курицу с рисом, судак по-польски, бутылку минеральной воды, бутылку пива, мороженое и кофе по-турецки.

Официант приносит им заказанные блюда и желает им приятного аппетита. Они начинают есть.

К. — Было очень вкусно, не правда ли?

А. — Да, я очень доволен. Товарищ официант, принесите, пожалуйста, счёт.

К. — Сколько с меня следует (сколько я должен, должна, мы должны)?

Официант — Всего 1 рубль 85 копеек.

17.3.6.1. *Задания*

1. Прочитайте, переведите и выучите этот разговор.

2. Напишите сами подобный разговор, используя следующие выражения и предложения:

1. В какой ресторан лучше всего пойти? 2. Здесь очень приятно поси деть. 3. Давайте сядем за этот стол в углу. 4. Этот стол свободен? 5. Это место не занято? 6. Что мы закажем? 7. Я хотел бы что-нибудь выпить. 8. Закажите сухого белого вина. 9. Принесите, пожалуйста, меню и ещё один прибор. 10. Какие закуски есть у вас? 11. Что у вас есть из сухих вин? 12. Что вы возьмёте на закуску? 13. Любите ли вы рыбу? 14. Можно заказать что-нибудь из холодных закусок? 15. Я хочу заказать бифштекс. 16. Что вы закажете (будете заказывать)? 17. Я предпочитаю птицу. 18. А вы? 19. Передайте, пожалуйста, хлеб и соль. 20. Желаю вам приятного аппетита. 21. Принесите, пожалуйста, счёт. 22. Я тоже хочу расплатиться. 23. Сколько с меня следует?

17.3.7.   *Прочитайте и переведите §§ 20—21 «Общих условий ...»,*
           стр. 215

17.3.8.   *Выпишите и выучите новые слова §§ 20—21 «Общих условий*
           ...» и перескажите содержание текста этих параграфов.

18. Разные сообщения (продолжение)

18.1. *Письма*

1.

Касается: наряда 5845/59

Просим Вас оформить договор на поставку в 19.. г. пяти штук расходомеров для мазута согласно Вашему предложению от ... 19.. г., чертежам завода ... и опросному листу, высланному нами в письме от октября 19.. г. за № 792/69.

При этом сообщаем Вам следующие технические данные о мазуте:

1. Температура мазута 38—42 °Ц.
2. Вязкость по Энглеру 12 при 50 °Ц.
3. Удельный вес — 0,94.

Кроме того, сообщаем Вам, что в высланном нами опросном листе указано требование нашего заказчика о необходимости установки записывающего прибора.

В настоящее время мы отказываемся от этого требования и подтверждаем изготовление расходомеров в точном соответствии с Вашим предложением.

Договору будет присвоен № ..., транс № ... и наряд № ... Срок поставки соответственно предложению, но не позднее 20 июня 19.. г. Одновременно просим Вас до подписания договора выслать в адрес Торгпредства СССР в ГДР один экземпляр чертежей, перечисленных в данном письме, и проспект завода-поставщика.

С глубоким уважением

2.

Касается: договора № 160/31/59

Настоящим подтверждаем наше согласие на изготовление регуляторов для вискозы по предложенным заводом К. принципиальным схемам.

Следовательно, в соответствии со спецификацией договора должно быть поставлено

по позиции 1 : 5 установок согласно схеме «Б», из них 4 установки для трубопровода диаметром 100 мм и 1 установка для трубопровода диаметром 125 мм;

по позиции 2 : 5 установок по схеме «В», из них 2 установки для трубопровода диаметром 100 мм и 3 установки для диаметра 125 мм.

Всесоюзное объединение

„   "   19   г.

Заказ-наряд _____

На основании _____   заказываем:

Наименование товара, его основные технические данные и требования по качеству	Количество и единица измерения	Срок отгрузки		

Отгрузочные реквизиты

Отгрузку произведите _____ скоростью по

накладным _____ ж.-д. сообщения

На станцию _____ жел.-дор.

Получатель _____

Почтовый адрес получателя _____

Для переотправки в _____

Погранстанция _____ разрешение на вывоз №

от _____ 19   г., в _____ таможне

138

Каждый регулятор должен быть снабжён индивидуальной маслонасосной установкой.

В связи с вышеизложенным считаем спецификацию, высланную Вами в письме от ..., аннулированной, как не соответствующую условиям договора, и просим выслать новую подробную спецификацию, в соответствии с которой будет осуществляться поставка регуляторов по договору. Одновременно сообщаем Вам, что мы не возражаем против применения электромотора с алюминиевой обмоткой в регуляторе «В».

С уважением

3.

Касается: Вашего заказа от ...

В ответ на Ваше письмо от 10. 5. 19.. г. сообщаем, что мы постараемся выполнить Ваш заказ, по возможности, в ближайшее время, но мы не можем твёрдо обещать, что выполнение его не продлится более 5 месяцев.

С уважением

4.

Мы получили Ваше письмо, в котором Вы сообщаете нам, что ввиду наших долголетних деловых отношений Вы решили отказаться от осмотра оборудования на нашем заводе, где оно изготовляется, оставив за собой право осмотреть и испытать его (оборудование) на заводе Вашего комитента.

Далее Вы пишете, что через несколько дней вышлете нам инструкцию по отгрузке товара.

В ответ сообщаем Вам, что Ваш отказ от осмотра оборудования нас удовлетворяет, т. к. он даст нам возможность отгрузить товар до срока, предусмотренного в контракте.

Что же касается Вашей просьбы о продлении гарантийного срока, то мы согласны прислать Вам гарантийное письмо, предусматривающее гарантийный срок в 24 месяца.

Надеемся, что это будет для Вас приемлемо, и ожидаем Ваших инструкций по отгрузке товара.

Остаёмся с уважением

5.

Гарантийное письмо

В/О Станкоимпорт   «...» января 19.. г
Москва

Настоящим гарантируем, что оборудование, поставляемое по вышеуказанному заказу, во всех отношениях соответствует описанию, техническим условиям и спецификации, содержащимся в заказе.

Если в течение 18 месяцев от даты пуска в эксплуатацию и не более 24 месяцев от даты отгрузки оборудование окажется дефектным по отделке

(Наименование предприятия)

ОТГРУЗОЧНАЯ СПЕЦИФИКАЦИЯ №_____

Страна назначения товара _____

_____

(указать полное наименование)

Получатель и его местонахождение _____

_____

Заказчик _____

(при заполнении указать наименование заказчика — всесоюзного экспортного объединения или генпоставщика)

Заказ-наряд №_____

(указать номер заказа-наряда заказчика — всесоюзного экспортного объединения или генпоставщика)

Для заказа (объекта) №_____

(заполняется согласно указанию в заказе-наряде)

Маркировка _____

Вагон №_____

(заполняется при повагонной отгрузке)

Железнодорожная накладная, водная накладная, коносамент, багажная, почтовая квитанция, квитанция воздушного сообщения _____

№_____ (при заполнении подчеркнуть)

Техническая документация находится в месте №_____

Наименование товара (с указанием типа, модели, марки, сорта, размера, артикула, номера изделия)	Единица измерения (кг, штук, листов, метров и т. п.)	Количество товара	№№ трансов	№№ мест	Род упаковки	Вес каждого места в кг		Размеры каждого места в см			Объем каждого места в куб. м.
						брутто	нетто	длина	ширина	высота	

Всего:

Должность_____

(подпись)   (фамилия)

·____ _____19   г.

или конструкции, а также вследствие недоброкачественного материала, мы обязуемся в кратчайший срок устранить дефекты за свой счёт или заменить дефектное оборудование бесплатно, поставив новое оборудование без задержки. Мы обязуемся также уплатить стоимость перевозки и страхования. Дефектный товар должен быть возвращён нам по нашему первому требованию и за наш счёт.

С уважением
(подпись)

18.2.   *Слова и выражения*

расходоме́р	consumption gauge
мазу́т	fuel oil
опро́сный лист	questionnaire
Ц. (це́льсий)	Celsius
де́сять гра́дусов ~-ия	10° Celsius
вя́зкость	viscosity
~ по Э́нглеру	Engler-viscosity
уде́льный вес	specific gravity
запи́сывающий прибо́р	recording apparatus
отказа́ться (от кого-чего) v., -ажу́сь, -а́жешься	to give up sth., waive, withdraw (e.g. from the contract)
отка́зываться uv., -аюсь, -аешься	
присво́ить (кому-чему что-л.) v., -о́ю, -о́ишь	to assign, accord, provide (with sth.); to appropriate
присва́ивать uv., -аю, -аешь	
~ ему зва́ние	to accord him the title
~ (себе) пра́во	to assume (arrogate) the right
виско́за	viscose, artificial silk
трубопрово́д	conduit pipes
диа́метр	diameter
маслонасо́сный	oil suction, oil pump (adj.)
примене́ние	use, application
обмо́тка	winding, coil
возраже́ние	objection, opposition
ввиду́	in view of, in consideration of
~ сро́чности	in view of the urgency
продли́ть v., -лю́, -ли́шь	to extend, prolong
продлева́ть uv., -а́ю, -а́ешь	
продли́ться v., -ли́тся, -для́тся (no 1st and 2nd persons) для́ться uv.	to last, endure
гаранти́йный срок в 2 ме́сяца	a guarantee period of 2 months
отде́лка	finish
недоброка́чественный	of inferior quality
~-ые това́ры	inferior goods
беспла́тно	free, gratis

Управление иностранного страхования СССР

ОБРАЗЕЦ

ИНГОССТРАХ

Москва, ул. 25 Октября, 10.
Телеграфный адрес: Москва Ингосстрах

ПОЛИС

СТРАХОВАНИЕ ГРУЗОВ

СТРАХОВАЯ СУММА

Управление иностранного страхования СССР (ИНГОССТРАХ) на основании «**Правил транспортного страхования грузов**» приняло на страхование от

за счет _____
(указать, в чьих интересах заключается страхование)

груз _____
(наименование груза с указанием числа мест, рода упаковки и веса — отдельно в трюме и на палубе)

в сумме _____
(прописью)

(в том числе: в трюме ══════════ на палубе ══════════

стоимостью ══════════
(прописью)

(в том числе: в трюме ══════════ на палубе ══════════

направляемый на _____
(тип и название судна или другого перевозочного средства)

по коносаменту № _____
накладной

от _____ до _____

с _____ в _____ (выход в рейс « » _____ 19 г.)
заходом
перегрузкой

на следующих условиях: _____

Страховая премия ══════════

Полис выдан в г. _____

« » _____ 19 г.

*УПРАВЛЕНИЕ ИНОСТРАННОГО
СТРАХОВАНИЯ СССР*

_____
(подпись)

Примечание. В случае убытка по настоящему полису страхователь обязан немедленно известить об этом Ингосстрах или его представителя в порту прибытия груза. Список представителей Ингосстраха см. в конце полиса.

18.3.   *Упражнения и задания*

18.3.1.   *Прочитайте и переведите письма главы 18.1. (1.—5.).*

18.3.2.   *Перескажите содержание этих писем.*

18.3.3.   *Напишите 2 подобных письма, используя новые слова гл. 18.2.*

18.3.4.   *Переведите и составьте предложения (контроль на стр. 206).*

1. to take a machine into service; 2. to approach the firm on the following matter; 3. to remain competitive; 4. permissible excess weight; 5. to note as underweight; 6. in the seller's estimation; 7. prices are rising; 8. to reserve the right; 9. to agree to a part delivery; 10. with a weight tolerance; 11. to have the right of disposal; 12. to advise readiness for shipping; 13. in favour of the seller; 14. to prepare for collection; 15. to open an irrevocable credit; 16. to reduce prices by 20 per cent; 17. to execute the order unsatisfactorily; 18. to note the differences of opinion; 19. payment net cash; 20. unacceptable offer; 21. to be grateful for the prompt execution of the order; 22. to call on him; 23. we are most anxious; 24. it is a question of . . . ; 25. to answer for sth.; 26. first-class products; 27. to return damaged parts; 28. unusable machine; 29. to be valid for four weeks; 30. the opportunity presents itself.

18.3.5.   *Прочитайте и переведите текст §§ 22—27 «Общих условий . . .» на стр. 216 и выучите новые слова.*

18.3.6.   *Поставьте 10 вопросов к содержанию текста §§ 22—27 «Общих условий . . .».*

18.3.7.   *Перескажите содержание текста §§ 22—27 «Общих условий . . .»*

19. Поставка, отгрузка, погрузка, разгрузка

19.1. *Письма*

1.

Просим сообщить, может ли быть произведена перевалка двух судовых котлов, весом каждый по 50 тонн, в порту Висмар с железной дороги на морской транспорт средствами порта.

Если перевалка котлов возможна, просим Вас одновременно сообщить стоимость работ по перевалке и креплению котлов на палубе парохода, выделив отдельно стоимость крепёжных материалов и указав при этом, может ли быть предоставлен крепёжный материал за счёт грузовладельца.

В положительном случае котлы предполагается погрузить на палубу парохода, который будет грузиться сульфатом, с назначением в М ...

С уважением

2.

Сегодня мы получили Ваш счёт на товар, отправленный на п/х «Висмар», и, к нашему сожалению, установили, что Вы отправили нам 8 ящиков запасных частей по заказу 485/5/69 от ... с. г. вместо запасных частей по ранее выданному заказу № 472.

Просим Вас принять меры к срочной отправке необходимых нам запасных частей.

Одновременно мы вынуждены настаивать на том, чтобы Вы не отправляли заказываемого у Вас товара до получения наших соответствующих инструкций. Ставим Вас в известность, что, если Вы будете отгружать товар раньше срока, мы, согласно нашим правилам, не будем в состоянии оплачивать Ваши счета до наступления даты платежа согласно заказу.

С уважением

3.

По наряду-заказу № ... от ... с. г. мы получили накладные на электрооборудование разливочного крана, который должен следовать до станции Х. ПКП Польши.

Однако в приложенной железнодорожной накладной значится станция назначения Брест, в результате чего указанный груз перешёл границу Франкфурт-Одер транспортом II/5546 5 августа с. г. в 7 часов 23 мин. и следует на Брест.

Просим Вас задержать указанный груз и направить его по назначению, т. е. по адресу: Польша, пограничная станция X. ПКП Центрозап 400, о чём просим поставить нас в известность.

С уважением

4.

Касается: заказа № 4240, ящика № 8

В Вашем письме от ... прошлого месяца Вы сообщили нам, что вышеуказанный ящик будет отправлен Вами в г. ... через два или три дня. До настоящего времени, однако, мы не получили от Вас сведений, была ли произведена Вами эта отгрузка.

Просим немедленно телеграфировать нам об этом.

С уважением

5.

Касается: отгрузки семян многоукосного райграса

Как мы уже сообщали Вам ранее, 200 тонн семян многоукосного райграса, неправильно отгруженные Вами, мы не успели задержать на погранпункте и переадресовать, поэтому эти семена пошли по разнарядке овсяницы до самого места назначения.

В настоящее время мы ведём переговоры с заказчиком о возможности использования этих семян в тех пунктах, куда они ошибочно поступят. В связи с этим оплату Ваших счетов ..., ..., ..., ... мы вынуждены задержать до окончания переговоров с заказчиком.

Мы надеемся, что эти переговоры закончатся положительно в течение ближайших дней, и тогда мы немедленно оплатим Ваши счета.

С уважением

6.

Подтверждаем получение Вашего письма от ... с. г. с приложенным контрактом № 203/6/59 на поставку 15 полуавтоматических закаточных машин фирмы «Калема».

Сообщаем Вам, что наши комитенты очень нуждаются в этих машинах, и поэтому просим отгрузить их в мае месяце или в первых числах июня с. г.

Мы надеемся, что Вы учтёте просьбу наших комитентов и дадите указание заводу-поставщику срочно отгрузить вышеуказанные машины.

Одновременно направляем Вам подписанный нами контракт на поставку упомянутых полуавтоматических закаточных машин.

С уважением

Приложение: 1 контракт

КОНОСАМЕНТ
BILL OF LADING № ____

Погружены в надлежащем по виду состоянии. /Приняты к перевозке кем/ от

на пароходе / теплоходе _____   при капитане _____

плавающем под _____ флагом, принадлежащем _____ перевозчик

в настоящее время находящемся в _____ следующие грузы:

Марки и номера	Наименование груза	Число мест	Вес брутто	Объем (мера)	Примечания

Ставка фрахта:

Получено в счет фрахта:

Подлежит перево- ду на получателя

Эти грузы считаются маркированными и занумерованными, как выше указано, однако без гарантии за правильность маркировки, и подлежат перевозке и сдаче, с соблюдением условий, правил и оговорок, включенных в этот коносамент, в таком же надлежащем по внешнему виду состоянии с палубы судна (как на лихтеры, так и на набережную, по выбору капитана). С исполнением этих действий обязанности перевозчика по перевозке данных грузов считаются прекращенными.

Груз сдается в порту ————————————————————————————————————

или так близко к нему, как только судно может безопасно подойти, всегда оставаясь на плаву, грузополучателю

или его, или их правопреемникам, по уплате фрахта согласно условно, изложенному на полях настоящего коносамента, и всех причитающихся по договору перевозки платежей.

Никакие условия настоящего коносамента, печатные, рукописные или штампованные, ни в чем не могут ограничить или изменить вышеизложенных условий. Если фрахт и все связанные с договором перевозки платежи, подлежащие уплате до сдачи или при сдаче груза, не были уплачены, перевозчик вправе, по сдаче груза на склад (складчику), лихтер (лихтеровщику) или иному хранителю для хранения в интересах грузохозяина, обусловить невыдачу последнему грузов до полной уплаты фрахта и иных причитающихся в силу договора перевозки платежей.

Вес или объем груза, перевозчиком внасыпку или вразвалку, а также соответствие всякого рода грузов их наименованию в коносаменте перевозчиком при погрузке не проверяются.

Отправитель, получатель, держатель коносамента, а также иные заинтересованные лица полностью принимают все напечатанные, рукописные или штампованные правила, условия и оговорки настоящего коносамента, в том числе и изложенные на оборотной стороне его.

В удостоверение изложенного капитан, перевозчик или его уполномоченный подписал ———————————————————— экземпляров коносамента, все одного содержания и даты.

Один экземпляр коносамента надлежаще индоссированный, отбирается при выдаче груза или в обмен на сдаточный ордер.

После выдачи груза по одному из экземпляров коносамента все остальные теряют силу.

Место выдачи ————————— Дата ——————— 19———

Капитан ——————————

10*   147

СЕРТИФИКАТ О КАЧЕСТВЕ №⎯⎯⎯⎯⎯

Выдан «⎯⎯⎯»⎯⎯⎯⎯⎯⎯19⎯⎯г.

Наименование товара ⎯⎯⎯⎯⎯⎯⎯⎯⎯⎯⎯⎯⎯⎯⎯⎯⎯

⎯⎯⎯⎯⎯⎯⎯⎯⎯⎯⎯⎯⎯⎯⎯⎯⎯⎯⎯⎯⎯⎯⎯⎯⎯⎯⎯

(указывается тип, модель, марка, сорт, размер, артикул, номер изделия и т. п.)

Номер перевозочного документа ⎯⎯⎯⎯⎯⎯⎯⎯⎯⎯⎯

Заказчик ⎯⎯⎯⎯⎯⎯⎯⎯⎯⎯⎯⎯⎯⎯⎯⎯⎯⎯⎯⎯⎯⎯
(при заполнении указать наименование заказчика—всесоюзного экспортного объединения или генпоставщика)

Заказ-наряд №⎯⎯⎯⎯⎯⎯⎯⎯⎯Транс. №⎯⎯⎯⎯⎯⎯⎯⎯

Для заказа (объекта) № ⎯⎯⎯⎯⎯⎯⎯⎯⎯⎯⎯⎯⎯⎯⎯
(заполняется согласно указанию в заказе-наряде)

Страна назначения товара⎯⎯⎯⎯⎯⎯⎯⎯⎯⎯⎯⎯⎯⎯⎯

(указать полное наименование)

Получатель ⎯⎯⎯⎯⎯⎯⎯⎯⎯⎯⎯⎯⎯⎯⎯⎯⎯⎯⎯⎯
(заполняется согласно указанию в заказе-наряде)

Количество товара (согласно спецификации №⎯⎯⎯⎯⎯⎯⎯

(общий вес брутто и нетто в кг, к-во мест, штук, листов, метров и т. п.)

Показатели качества товара ⎯⎯⎯⎯⎯⎯⎯⎯⎯⎯⎯⎯⎯

⎯⎯⎯⎯⎯⎯⎯⎯⎯⎯⎯⎯⎯⎯⎯⎯⎯⎯⎯⎯⎯⎯⎯⎯⎯⎯⎯

⎯⎯⎯⎯⎯⎯⎯⎯⎯⎯⎯⎯⎯⎯⎯⎯⎯⎯⎯⎯⎯⎯⎯⎯⎯⎯⎯

⎯⎯⎯⎯⎯⎯⎯⎯⎯⎯⎯⎯⎯⎯⎯⎯⎯⎯⎯⎯⎯⎯⎯⎯⎯⎯⎯

Указанный в настоящем сертификате товар соответствует по качеству действующим в СССР стандартам, техническим условиям, требованиям заказа-наряда и может быть отгружен на экспорт.

Дополнительные примечания⎯⎯⎯⎯⎯⎯⎯⎯⎯⎯⎯⎯⎯⎯

⎯⎯⎯⎯⎯⎯⎯⎯⎯⎯⎯⎯⎯⎯⎯⎯⎯⎯⎯⎯⎯⎯⎯⎯⎯⎯⎯

⎯⎯⎯⎯⎯⎯⎯⎯⎯⎯⎯⎯⎯⎯⎯⎯⎯⎯⎯⎯⎯⎯⎯⎯⎯⎯⎯

⎯⎯⎯⎯⎯⎯⎯⎯⎯⎯⎯⎯⎯⎯⎯⎯⎯⎯⎯⎯⎯⎯⎯⎯⎯⎯⎯

Начальник ОТК⎯⎯⎯⎯⎯⎯⎯⎯⎯⎯⎯⎯⎯⎯⎯⎯⎯⎯
(подпись)   (фамилия)

Штемпель ОТК

7.

Настоящим напоминаем Вам о нашем письме от ... с. г., на которое мы до настоящего времени, к сожалению, не получили ответа.

Убедительно просим Вас отгрузить один мешок электрокорунда весом 50 кг, недопоставленный Вами по заказу № 582/6/69, или возвратить нам его стоимость в размере ... руб.

В ожидании Вашего ответа остаёмся

с уважением

19.2. *Слова и выражения*

разгру́зка	unloading
разгрузи́ть v., -ужу́, -у́зишь	to unload, discharge
разгружа́ть uv., -а́ю, -а́ешь	
перева́лка	transhipment, reloading
судово́й	ship's
котёл, -тла́	boiler
ве́сом ка́ждый по ...	each weighing ...
крепле́ние	fastening, fixing
па́луба	deck
крепёжный	fastening, shoring (adj.)
~ лес	pit props
грузовладе́лец	freight owner
за счёт	for the account of
п/х (парохо́д)	s.s., steam ship
наста́ивать (на чём) uv., -аю, -аешь	to insist (upon sth.)
настоя́ть v., -ою́, -ои́шь	
разли́вочный кран	pouring loader
~-ая маши́на	pouring machine
зна́читься uv., -чусь, -чишься	to be entered, be contained
Он зна́чится в спи́ске.	He is entered on the list.
се́мя, Pl. семена́, семя́н, семена́м ...	seeds
уко́с	mowings
ра́йграс	rye-grass
погранпу́нкт	frontier station
(= пограни́чный пу́нкт)	
переадресова́ть v./uv., -су́ю, -су́ешь	to re-address, re-dispatch
разнаря́дка	dispatch arrangements
овся́ница	groats
зака́точный	spooling, winding (adj.)
кору́нд	corundum (mineral)
недопоста́вленный	not (fully) delivered
недопоста́вка	incomplete delivery

19.3.   *Упражнения и задания*

19.3.1.   *Прочитайте и переведите письма главы 19.1.*

19.3.2.   *Перескажите содержание писем гл. 19.1.*

19.3.3.   *Напишите сами два подобных письма на тему «поставка» (погрузка, отгрузка, разгрузка).*

19.3.4.   *Составьте предложения со следующими словосочетаниями:*

1) сократить срок на месяц, 2) вторая партия товаров может быть отгружена, 3) было обусловлено в договоре, 4) неприемлемый товар, 5) они должны быть поставлены, 6) досрочно поставить, 7) настоятельно просить, 8) быть уверенным, 9) исполнение настоящего заказа, 10) находиться под наблюдением, 11) быть благодарным, 12) сообщить о готовности к передаче, 13) сообщить телеграфом, 14) предложить свои услуги, 15) получить заявку на эти машины, 16) дополнительная поставка, 17) принять действенные меры, 18) испытать устойчивость, 19) закупка измерительных приборов, 20) если появится надобность в, 21) напомнить ему о письме, 22) не иметь никаких сведений, 23) принять все необходимые меры к тому, чтобы ... 24) в установленный срок, 25) быть удовлетворённым качеством, 26) запрашивать завод, 27) не может ли он поставить, 28) поставка могла бы быть, 29) отказаться от требования, 30) выслать в адрес торгпредства, 31) возвратить стоимость недопоставленных товаров в размере, 32) нуждаться в этих запчастях, 33) учесть просьбу, 34) срочно отгрузить, 35) задержать груз и направить его по адресу ...

19.3.5.   *Составьте предложения с модальными словами в настоящем, прошедшем и будущем времени: (стр. 151)*

19.3.6.   *Прочитайте и переведите §§ 28—34 «Общих условий ...», стр. 217.*

19.3.7.   *Выпишите новые слова и ответьте на следующие вопросы:*

1. В течение какого срока покупатель обязан сообщить продавцу отгрузочные данные?

2. Какие данные должна содержать отгрузочная инструкция?

3. Кто должен возместить покупателю все расходы, возникшие вследствие несоблюдения данных отгрузочной инструкции?

мне тебе ему заводу инженеру нам вам им заводам инженерам	1. а) нужно (надо) нужно (надо) было нужно (надо) было бы нужна (надо) будет б) не нужно ...	устранить, осуществить производить, использовать, задержать, возместить, учесть, направить, отказаться, поставить
	2. а) нужен (был, был бы, будет), нужна (была, была бы, будет), нужно (было, было бы, будет), нужны (были, были бы, будут), б) не нужен ...	машина, станок, помощь, поставка, новый автомобиль, костюм, платье, чулки, носки, шляпа, туфли, ботинки брюки, пальто, галстук, свитер, шарф, перчатки, материал
	3. а) можно, можно было, можно было бы, можно будет б) нельзя, нельзя было нельзя было бы, нельзя будет	посмотреть, заявить, выслать, пойти, курить, зайти, есть, войти, поехать, доехать, полететь, увезти, привезти, ввезти, вывезти, рассмотреть, испытать, принять, обнаружить, установить, встретиться, вернуться, поставить, выслать, отремонтировать, выполнить, оформить, удовлетворить, задержать, повысить, снизить, изготовить, закупить, продать, передать, запросить, попросить, спросить, отправить, решить, указать, ответить, осмотреть, проявить, продумать, производить, выпускать, допустить, выявить, долить, докурить, выпить, отклонить, отгрузить, допоставить, приложить, изложить, обвинить, оплатить, уведомить, известить, продлить
	4. а) следует, следовало (бы) приходится, приходилось (бы), придётся, пришлось (бы) б) не следует ...	
я ты фирма завод инженер заказчики предприятие	5. а) должен, должен был, должен был бы, должен буду, должна (была, была бы, буду), должны (были, были бы, будут) б) не должен ...	

151

4. Когда продавец имеет право передать заказанный покупателем товар на хранение за счёт и на ответственность покупателя?

5. Кто несёт расходы по хранению товара на складе в порту отгрузки в случае просрочки в предоставлении тоннажа?

6. Кто возмещает дополнительные расходы, возникшие по истечении 21 дня, в связи с переброской товара на склад и со склада на борт судна?

7. Какой организации в порту отгрузки можно поручить хранение товара?

8. В какие сроки производится извещение о последовавшей отгрузке товара при железнодорожных, автомобильных, воздушных и водных перевозках?

19.3.8.   *Перескажите содержание §§ 28—34 «Общих условий . . .».*

20.   Платёж

20.1.   *Письма*

1.

20 декабря п. г. по просьбе Торгпредства СССР на пароходе «М» производилась отгрузка в СССР бандажа (кольца) весом 47 тонн по заказу 41/5815. Эта отгрузка была связана с необходимостью переукладки имевшегося на пароходе транзитного груза.

Ростокское отделение «Дейтранс» прислало нам письмо за № 92/6 от ... с. г., в котором оно сообщает, что портоуправление предъявило отделению к оплате за указанную перевалку груза счёт на 320,00 марок и просит урегулировать вопрос об оплате этих расходов. Настоящим подтверждаем принятие указанных расходов за счёт нашего заказчика и просим Вас дать указание о предъявлении нам счёта для оплаты.

С уважением

2.

Просим Вас ускорить высылку нам Вашего счёта на оплату 50 тонн парафина согласно нашему письму от ... с. г. Пользуясь случаем, просим Вас ответить на наш запрос от ... с. г. по поводу расшифровки Вашей кредит-ноты 17—530.

С уважением

3.

Касается: Вашего счёта № 21/751

Ваш вышеуказанный счёт на сумму ... руб. был ошибочно оплачен в сумме ... марок.

Излишне переведённая Вам сумма ... руб. будет удержана нами в дальнейшем при оплате Ваших счетов.

С уважением

4.

Настоящим сообщаем Вам, что Ваш счёт № ... мы оплатили только в сумме ... руб.

Мы не можем принять на себя расходы по фракту от ... до ... в сумме ... руб., так как эти расходы по условиям заказа должны идти за счёт поставщика.

С уважением

Поступило в банк плательщ. | Поставщик и его адрес

Счет в Госбанке в г.

обл. №
по МФО

срок платежа

Ст.
отр.

Счет-платежное требование №

Род опер. №

Грузоот-
правитель

1—8
см. наряд

Плательщик
и его адрес

Счет в Госбанке в г.

19   г.

обл.

ДЕБЕТ

5-6

7

8

Грузополу-
чатель

Ст.
назначен.

№ счета плательщика

КРЕДИТ*

9

н

№ кв. | накл.

м

Число
мест

Вес
брутто

10-11

12-13

з

Заказ-
наряд №

от   196 г.

Дата отгрузки
19   г.

б/сч. №

№ счета поставщика

14-18

41—47

Номенкл.
№

Ед.
изм.

к

Количество

Цена

Наименование

Сумма

19-22

...

71-80

Тара и упаковка показываются в этой части счета

Д

Д 0

Д 080   01

пробить:
1-25
28-29, 41-47

Обоснование цены:

Стоимость товара

Жел.-дор. тариф

К

К-280

Р.

пробить:
1-22, 30—34

прописью

Печать
и подпись поставщика

Распоряжение об оплате:

Штамп банка поставщика

Р.

Пеня за   дней   Р.

Всего Р.

Дата оплаты

Подпись банка

Левая сторона
за уточнен-
ными линиями
поставщиком
не заполняется

См. на обороте

Дополнение:

Предусмотренные заказ-нарядом нижеследующие документы отосланы непосредственно плательщику

19 _____ г.

		компл.
1.	экз.
2. Сертификат о качестве	экз.
3. Отгрузочная спецификация	»
4. Упаковочный лист	»
5. Дублик./квит. ж.-д. накл.	»
6.	»
7.	»

Прибыло в порт					Выбыло из порта			
Накладная	Акт	Дата приб.	К-во мест	Вес порта	Дата № счета инопокуп.	К-во мест	Вес	Вес расчетн. к-во

ОТМЕТКИ О ЧАСТИЧНЫХ ПЛАТЕЖАХ

Дата	Част. плат.	Остаток	Дни проср.	Пеня	Подпись	Дата	Част. плат.	Остаток	Дни проср.	Пеня	Подпись

Всесоюзное объединение

Москва

Телегр. адрес: Москва

Инкассо №   19   г.

Счет №

Договор	Пароход. вагон	Коносамент, накладная

Товар отгружен по договору согласно прилагаемым документам

на ст.   со ст.

Заказ- наряд	Наименование товара	Число мест	Вес брутто / Вес нетто	Расчетное количество	В ——— Цена за	Сумма

Поставка франко вагон советско-

Приложение:

Итого		
Сумма к платежу		

В/О

156

5.

Так как Вы ещё не заплатили суммы фрахта ... руб., причитающейся по коносаменту № 425 от ... с. г., мы вынуждены приостановить выгрузку до тех пор, пока уплата не будет полностью произведена.

С уважением

6.

Мы просмотрели Ваши счета, полученные нами на прошлой неделе, и нашли, что Вы включили в счёт № ... от ... с. г. расходы по отгрузке наших товаров пароходом «Звезда».

Мы вынуждены сообщить Вам, что мы не можем оплатить этих расходов, так как отправка была задержана Вами.

Кроме того, мы должны заметить, что если бы эти товары были отправлены Вами согласно нашим инструкциям пароходом «Мир» 10 апреля, вышеназванные расходы не имели бы места.

В связи с этим направляем Вам обратной почтой этот счёт с просьбой пересмотреть его и выслать нам.

С уважением

7.

Касается: Вашего дебет-авизо № 4137

Настоящим сообщаем Вам, что мы дебетовали Ваш счёт № ... суммой рублей ... сроком ... за полный возврат оплаченной суммы по вышеуказанному дебет-авизо, на основании рекламации нашего клиента.

С уважением

8.

Касается: Вашего проекта договора на поставку белой жести.

Подтверждая получение Вашего проекта договора на поставку 100 т белой жести, сообщаем, что мы согласны со всеми пунктами договора, за исключением сроков поставки и условий платежа.

Учитывая срочность поставки, которую мы подчеркнули при переговорах с Вашим представителем, г.(-ном) В., просим отгрузить всю партию в июле с. г., а не в августе, как это указано в п. 4 Вашего проекта договора.

Что касается условий платежа, то мы категорически возражаем против п. 6 Вашего проекта, предусматривающего авансовый платёж при подписании договора в размере 50% стоимости товара, подлежащего отгрузке.

Такой способ платежа идёт вразрез с давно установившейся у нас практикой и совершенно для нас неприемлем. Мы предлагаем следующие условия платежа:

«По получении телеграммы поставщика о готовности товара к отгрузке, покупатель открывает в ... Банке в пользу поставщика безотзывный аккредитив на сумму не менее 90% стоимости товара, подлежащего отгрузке.

Из этого аккредитива ... Банк производит платёж против вручения поставщиком Банку, для пересылки покупателю, полного комплекта чистых коносаментов, страхового полиса и фактуры, как это указано в п. 8 договора. Остальные 10% стоимости товара переводятся покупателем ... Банку для кредитования поставщика через ... дней после прибытия товара в порт назначения на основании акта приёмки товара, составленного покупателем.»

Просим соответственно изменить пп. 4 и 6 Вашего проекта договора и выслать нам договор для подписания.

С уважением

20.2.   *Слова и выражения*

кольцо́	ring, wheel
переукла́дка	rearrangement, re-siting
транзи́тный груз	through goods, goods in transit
с. г. (сего года)	of this year
предъяви́ть счёт за ...	to submit an account for ...
расхо́дование	expense, expenditure, disbursement, outgoings; consumption
расхо́довать uv., -дую, -дуешь	to spend; to use
израсхо́довать v., ~ де́ньги, материа́л	to spend money; to use material
расшифро́вка	deciphering, decoding
кредит-но́та	credit note
креди́т	credit
в креди́т	to the credit
откры́ть (предоста́вить) ~	to grant, allow credit
за́пись в ~	credit note
в на́шу по́льзу	to our credit, to the credit of our account
в счёт на́шего креди́та	to the credit of our account
записа́ть (занести́) в ~	to credit, transfer to the credit, give a credit note
записа́ть э́ту су́мму в наш ~	to enter this sum to our credit, to credit our account
кредитова́ть (кого-что) uv./v., -ту́ю, -ту́ешь	to credit, issue a credit note; to grant credit, finance
~ счёт	to credit the account
~ счёт э́той су́ммой	to credit this sum to the account
~ и́мпорт, строи́тельство	to finance the import, building
кредитоспосо́бный	creditworthy
оши́бочно оплати́ть	to pay in error
изли́шне	too much, excessive
~ об этом говори́ть	there is no point talking of it

158

излиʹшний вес — excess weight

удержаʹть v., -ержуʹ, -еʹржишь
удеʹрживать uv., -аю, -аешь — to withhold, deduct

приняʹть на себяʹ расхоʹды по … — to bear the costs of

причитаʹться (кому-чему) uv., -аʹется, -аʹются (no 1st and 2nd persons) — to be due (to sth. or s.o.), to fall to the share of

Емуʹ причитаʹется боʹльше ста рублеʹй. — More than 100 roubles are due to him.

Эʹти деʹньги ему не причитаʹются. — This money is not due to him.

причитаʹющийся — due, owing, entitled, invoiced

~-аяся суʹмма — the sum due, owing, the amount due

~-ийся остаʹток — the balance due

приостановиʹть v., -овлюʹ, -оʹвишь
приостанаʹвливать uv., -аю, -аешь — to interrupt, cease, stop

~ погруʹзку (отгруʹзку, выʹгрузку) — to stop loading (unloading)

имеʹть меʹсто (расхоʹды) — (here) to arise, result, follow (costs, expenses)

пересмоʹтр счёта — checking, examination of the account

пересмотреʹть v., -отрюʹ, -оʹтришь
пересмаʹтривать uv., -аю, -аешь — to check, examine, subject to an examination

деʹбет-авиʹзо — debit advice

деʹбет-ноʹта — debit note

деʹбет — debit

статьяʹ деʹбета — debit posting

деʹбет и креʹдит — debit and credit

в наш деʹбет — to our debit

заносиʹть (запиʹсывать) в деʹбет счёта — to place to the debit of the account, to debit the account

дебетоваʹть uv./v., -туʹю, -туʹешь — to debit

~ ваш счёт на 800 рублеʹй — to debit your account with 800 rbls

~ счёт суʹммой 800 рублеʹй — to debit the account with an amount of 800 roubles

дебитоʹр — debtor

возвраʹт — refund, compensation

проеʹкт договоʹра — draft contract

возражаʹть uv., -аʹю, -аʹешь
возразиʹть v., -жуʹ, -зиʹшь — to raise objections, protests; to contradict

~ проʹтив эʹтой паʹртии (товаʹров) — to raise objections to this consignment

Я не возражаʹю на это замечаʹние. — I have nothing (no objections) against this remark

Я возражаʹю доклаʹдчику. — I contradict the speaker.

аваʹнс — payment in advance, on account

~ налиʹчными — cash payment in advance

внестиʹ ~ на суʹмму … — to pay an amount of … in advance

авансиʹровать (кого-что) uv./v., -рую, -руешь — to pay on account, to make an advance payment, to advance

~ предприя́тие	to make the firm an advance payment, payment on account
ава́нсом	as a payment on account
вразре́з (про́тив)	against, contrary to
идти́ ~	to go against, be contrary to
Он де́йствовал ~ с о́бщим мне́нием.	He acted against, contrary to public opinion.
неприе́млем, -а, -о; -ы	unacceptable
чи́стый коносаме́нт	clean bill
платёж про́тив вруче́ния докуме́нтов	payment against documents (against presentation of . . .)
страхово́й по́лис	insurance policy
перевести́ (де́ньги) v., -еду́, -еде́шь переводи́ть uv., -ожу́, -о́дишь	to remit, transfer (money)
соотве́тственно	correspondingly, accordingly
~измени́ть	to change accordingly

20.3. Упражнения и задания

20.3.1. Прочитайте и переведите письма 1—8 гл. 20.1.

20.3.2. Перескажите содержание писем гл. 20.1.

20.3.3. Переведите письма гл. 20.1. (письменно) на английский язык и с английского перевода обратно на русский (устно и письменно).

20.3.4. Напишите два письма на тему «платёж», используя новые слова гл. 20.2.

20.3.5. Переведите и составьте предложения:

1. to remit (transfer) the money; 2. to vary (alter) the contract accordingly; 3. that runs contrary to the provisions; 4. to make a payment on account; 5. unacceptable conditions; 6. to produce the insurance policy; 7. that is debited to you; 8. to the credit of our account; 9. to credit him with the sum; 10. to use up much raw material; 11. to submit the bill, account; 12. to shift, re-store the goods; 13. the amount due in the sum of . . . ; 14. to bear the cost; 15. an amount of . . . is due to him; 16. to deduct the amount; 17. to discontinue further shipment; 18. the return of the documents; 19. to debit their account with . . . roubles; 20. to debit us; 21. to raise some objection to it; 22. to contradict the speaker; 23. to check the statements; 24. to refund the expenses; 25. to submit the draft contract.

20.3.6.   *Краткие разговоры*

1. — Какая колбаса есть у вас сегодня?
   Киевская есть?

   — Киевской нет, но есть краковская, украинская и московская.

   — Дайте мне, пожалуйста, двести граммов украинской колбасы, двадцать яиц, 300 граммов сыру, 200 граммов масла.

   — Пожалуйста. Платите в кассу 3 рубля 20 копеек.

   — Спасибо.

2. — Скажите, пожалуйста, в каком отделе продается молоко?

   — В молочном.

   — Спасибо.

3. — Сколько стоит эта коробка конфет?

   — Пятьдесят копеек.

   — Будьте добры, дайте мне две коробки конфет, пачку печенья и торт.

   — Сколько всё это стоит?

   — Три рубля сорок копеек.

   — Спасибо.

20.3.6.1. *Задания*

1. Прочитайте, переведите и выучите диалоги гл. 20.3.6.

2. Ответьте на вопросы:

   1. В каком магазине вы покупаете продукты?

   2. Где находится этот магазин?

   3. Далеко ли этот магазин отсюда?

   4. Где вы покупаете хлеб, булочки, масло, колбасу, сыр, яйца, рыбу, овощи, фрукты, рис, сахар, соль, перец, муку, вино, пиво?

5. Что вы покупаете на рынке?

6. Далеко ли рынок от вашего дома?

7. Как часто вы ходите на рынок?

8. Сколько стоит масло?

9. Сколько стоит килограмм мяса?

10. Сколько стоит литр молока?

11. Когда вы обычно покупаете — утром, днём или вечером?

12. Вы любите свежие булочки?

20.3.7.   *Прочитайте и переведите §§ 35—38 «Общих условий ...», стр. 219*

20.3.8.   *Выпишите новые слова, поставьте 10 вопросов к содержанию §§ 35—38 и перескажите содержание текста §§ 35—38.*

Телеграмма

21.   Телеграмма

21.1.   *О телеграмме*

При разрешении вопросов, связанных с оформлением очередных поставок, кроме писем, широко пользуются телеграммами.

Телеграммы являются наиболее распространённой формой деловой переписки с социалистическими странами. В телеграммах должен применяться так называемый телеграфный стиль, т. е. особый способ выражения, вызванный необходимостью при составлении текста телеграмм выбирать короткие слова, пользоваться сокращениями, пропускать некоторые предлоги и т. д.

По общему правилу телеграммы должны быть краткими, точными и ясными. Одно слово должно иметь не более 10 букв. Лаконичный стиль, столь характерный для телеграмм, ни в коем случае не должен нарушать общепринятых правил вежливости и приличия.

Составление телеграмм не вызывает каких-либо особых затруднений даже для людей, не владеющих в достаточной степени русским языком. Мы различаем телеграммы, в которых, например, сообщается об отгрузке товара. Эти телеграммы называются отгрузочными.

Оии пишутся по заранее составленному трафарету, например:

1. дата ... отгружено станции ... вагон № ... накладная ... название изделий ... размер ... количество ... вес брутто-нетто ... мест ... для ...

(фирма, отгрузившая товар)

2. Номер заказа или контракта ... транс ... количество мест ... вес ... вагон № ... накладная ... станция назначения ... номера мест ...

(фирма, отгрузившая товар)

Кроме отгрузочных телеграмм, существуют еще так называемые рекламационные телеграммы. Для их составления нет точно установленного

МЕЖДУНАРОДНАЯ ТЕЛЕГРАММА

С л о в	П Л А Т А	
	руб.	коп.
Итого		

Принял:

МИНИСТЕРСТВО СВЯЗИ СССР

de _____

№ _____

_____ сл. _____ го _____ ч. _____ м.

П Е Р Е Д А Ч А

_____ го _____ ч. _____ м.

№ связи _____

Передал: _____

Служебн. отметки:

Кому: =EILT= POLYGRAPH-EXPORT

Адрес: LIEBKNECHTSTRASSE

Город, страна: BERLIN GDR

VASHA 16/08 PODTVERZHDAEM VTORICHNUJU OPLATU SCHET 98573

RASCHET BUDET PROIZVEDEN SOIUSVNESHTRANSOM MOSKVE

Фамилия отправителя
и его адрес. MOSKVA RAZNOEXPORT

Тип. 7 УКЛ

164

трафарета. Они составляются от случая к случаю и требуют более основательных знаний русского языка.

В русских телеграммах допустимы некоторые сокращения: ТЧК (точка), ЗПТ (запятая), ДВТЧ (двоеточие), ВАША (Ваша телеграмма), НАША (наша телеграмма), ВАШЕ (Ваше письмо), Госбанк (Государственный банк), ГОСТ (Государственный стандарт) и другие.

Телеграфная связь с советскими торговыми организациями осуществляется на русском языке, но азбука в телеграммах заменяется латинскими буквами английского или французского алфавитов:

А — A	Л — L	Ц — C
Б — B	М — M	Ч — CH (TCH)
В — V	Н — N	Ш — SH
Г — G	О — O	Щ — SHCH
Д — D	П — P	Ъ — —
Е — E (ie)	Р — R	Ы — Y
Ж — ZH (j)	С — S	Ь — J
З — Z	Т — T	Э — E
И — I	У — U	Ю — IU
Й — J	Ф — F	Я — IA
К — K	Х — KH (H)	

21.2. *Примеры телеграмм*

1. PROSIM PREDLOZHENIE 20000 t OZIMOJ PSHENICY ZPT POSTAVKA VTOROM KVARTALE SEGO GODA

   NAHRUNG

2. VASHE 29/8/73 CHASTICHNYE POSTAVKI VOZMOZHNY S NACHALA AVGUSTA TCHK PISJMO SLEDUET

   PRODINTORG

3. VASHA 204 AKCEPTUEM PREDLOZHENIE PSHENICY TCHK PROSIM OFORMITJ DOGOVOR

21.3. *Упражнения и задания*

21.3.1. *Прочитайте текст гл. 21.1. и перескажите содержание*

21.3.2. *Прочитайте следующие телеграммы, переведите и напишите их латинскими буквами:*

1. Ваше 24/5/72 просим сообщить возможную отгрузку второй партии пшеницы тчк нужна нам третьем квартале

2. Четыре вагона переотправить адресу нашей телеграммы 45/6/72 счёт будет оплачен

21.3.3. *Составьте телеграммы на основании следующих данных:*

1. «Машэкспорт», Берлин, сообщает В/О «Станкоимпорт», Москва, что 15 июля было отгружено со станции ..., в вагоне ..., железнодорожной накладной 115/9/72, 8 станков АРК 24

2. В/О «Разноэкспорт», Москва, запрашивает «Текстилькоммерс», Берлин, относительно возможности дополнительной поставки шёлковых тканей и готового платья (платья и костюмы).

21.3.4. *Напишите сами две телеграммы о кожаных изделиях и предметах домашнего обихода.*

21.3.5. *Переведите и дополните:*

1. We acknowledge with thanks your telegram No. ... of ... of this year and inform you that at present we ...

2. We have received your telegram No. ... of ... instant and shall arrange immediately for ...

3. We acknowledge receipt of your telegram No. ... of ... of this year and repeat the wording of your telegram for checking: "offer winter wheat untreated weight ... kg stop price ... hundred kilo fob leningrad stop

godunov/rosovitch

4. We hereby confirm receipt of your telegram No. ... of the ... We have already informed you by telegram:
"offer desired lathes AKR 19 accordance our catalogue delivery beginning second quarter"
which we once more confirm.
For this consignment the usual delivery and payment conditions as in the case of your last order 38/5/72 apply.
We are sending you also enclosed by the same post the desired drawings with detailed descriptions.
Looking forward to your early reply, we remain

Yours faithfully

166

21.3.6.   *Прочитайте, переведите и перескажите §§ 39—45 «Общих условий ...».*

21.3.7.   *Составьте 15 вопросов и ответов к содержанию текста §§ 39—45 «Общих условий ...».*

21.3.8.   *Переведите и составьте предложения (Контроль на стр. 206):*

1. national currency; 2. to make payments for lease and rent; 3. debit balance; 4. to refund travelling expenses; 5. six months before expiration; 6. to pay warehousing charges; 7. at six months notice; 8. to terminate the contract; 9. by mutual agreement; 10. by agreement with (between); 11. to remain in force; 12. diplomatic (trade) mission; 13. free of commission; 14. insurance payments; 15. the competent authorities; 16. with a view to setting aside; 17. US settlement dollar; 18. the debtor bank; 19. creditor bank; 20. to determine the method of payment; 21. order to open a credit; 22. if nothing is laid down to the contrary; 23. consideration; 24. at any time; 25. to have a certain amount at one's disposal; 26. documents in accordance with the contract; 27. cash payment; 28. to be debited to us; 29. in our favour; 30. revocable (irrevocable) letter of credit; 31. to weigh the goods; 32. to clarify through the courts; 33. to offset; 34. calling-in of outstanding debts; 35. countervalue; 36. to levy a distraint; 37. extract from an account; 38. to take court action; 39. a dilatory buyer; 40. you and you alone; 41. you will of course have to admit; 42. to be bared by the statute of limitations; 43. to fall into the wrong hands; 44. without warning; 45. bearer of the cheque; 46. to have the right of recourse; 47. to withhold payment; 48. loan operations; 49. estimated value; 50. warehousing of the goods; 51. to fix the percentage; 52. to present warehousing documents; 53. to insure against fire; 54. to debit the account; 55. price reduction.

Рекламация

22. Рекламационные письма относительно количества

22.1. *О рекламации*

При обнаружении недостачи, некомплектности, несоответствующего качества, повреждений или порчи поставленного товара заказчик должен составить рекламационный акт (в виде акта экспертизы) и направить его внешнеторговому объединению для предъявления претензий к иностранному поставщику.

Основными причинами, вызывающими необходимость предъявления рекламаций, являются:

1) несоответствие поставленных товаров утверждённым при заказе образцам и техническим условиям;

2) несоответствие поставленных товаров фирменным сертификатам о качестве;

3) недоброкачественная упаковка и маркировка товаров.

Бывают также случаи, когда низкое качество самих утвержденных образцов и технических условий приводит к отгрузке «по образцам» продукции низкого качества, поэтому предъявление рекламаций крайне затрудняется.

В связи с этим необходима более тщательная проработка технических условий, основательное изучение качества образцов товаров, а также более четкая и организованная работа инспекторов-приёмщиков за границей.

Рекламация предъявляется в установленный срок с приложением всех необходимых документов, подтверждающих обоснованность предъявления претензии.

Результатом обоснованной рекламации может быть:

— предупреждение,

— уценка, т. е. процентная скидка со стоимости товара,

— замена товара новым,

— уплата денежного штрафа, пени или неустойки.

22.2. *Рекламационные письма относительно количества*

1.

Кас.: недогрузки 15 т свинца по контракту 47/6/68 от 3.6.19.. г.

Мы крайне удивлены Вашим письмом от 4 ноября 19.. г., в котором Вы сообщаете, что Вам удалось отгрузить только 85 т свинца, тогда как по вышеуказанному контракту мы закупили у Вас 100 т с отгрузкой в октябре с. г.

Мы не можем согласиться с Вашей ссылкой на отсутствие тоннажа и категорически настаиваем на немедленной отгрузке остатка в 15 т.

Мы вынуждены поставить Вас в известность, что дальнейшее промедление с отгрузкой будет считаться грубым нарушением контракта с Вашей стороны и, несомненно, повлечёт за собой уплату нашим клиентам согласованных и заранее оценённых убытков (неустойки), которая будет полностью отнесена на Ваш счёт.

Надеемся, что Вы примете срочные меры для отгрузки вышеуказанных 15 т свинца и протелеграфируете нам о дате выхода парохода в море.

С уважением

2.

Касается: рекламации по поводу недостачи в весе сахара

К сожалению, мы должны сообщить Вам, что мы получили ряд жалоб от наших комитентов в отношении последней партии товара от ...

Наши комитенты пишут, что фактический вес товара во многих мешках не соответствует весу, указанному в коносаментах. Недостача, правда, в каждом отдельном случае невелика, но, принимая во внимание, что она имеет место во многих мешках, общее количество непоставленного товара довольно значительно и составляет ... кг. Через несколько дней мы вышлем Вам подробный перечень всего недостающего товара. Тем временем просим сообщить, сможете ли Вы отправить нам недополученный нами товар пароходом или Вы предпочитаете предоставить нам соответствующую скидку за недостачу.

В ожидании Вашего ответа обратной почтой остаёмся

с уважением

22.3. *Слова и выражения*

недоста́ча	deficiency
~ в ве́се	short weight
~ де́нег в ка́ссе	cash deficit (deficiency)
без недоста́чи	complete
обнару́жить ~-у	to note a deficiency

недостаю́щий това́р	missing, incomplete goods
акт эксперти́зы	examination, checking, check
заключе́ние эксперти́зы	report, findings, opinion (of experts, specialists)
подверга́ть эксперти́зе	to get an expert opinion on
производи́ть эксперти́зу	to express an expert opinion on
прете́нзия (на что-л., по чему-л.)	complaint, claim
~ на возмеще́ние убы́тков	claim for compensation for loss
заявле́ние прете́нзии	to pursue a claim, raise a complaint
предъяви́ть прете́нзию (к кому-л.)	to complain, to make, raise a claim
удовлетвори́ть прете́нзию	to meet a claim
сопроводи́тельный	accompanying
уце́нка	price reduction
заме́на	exchange, replacement
пе́ня	fine, penalty (for non-fulfilment of contract)
неусто́йка	contractual penalty
недогру́зка	underweight
недогру́з	incomplete delivery
свине́ц, -нца́	lead
оста́ток, -тка	remainder
повлечёт за собо́й	will entail
оцени́ть v., -еню́, -е́нишь	to assess, estimate, tax
оце́нивать uv., -аю, -аешь	
вы́ход парохо́да в мо́ре	sailing, going to sea (ship)
комите́нт	customer, principal, client
недополу́ченный	not received (not received complete)
плёнка	film, tape

22.4. Упражнения и задания

22.4.1. *Прочитайте, переведите и перескажите содержание текста гл. 22.1.*

22.4.2. *Поставьте 10 вопросов к содержанию текста гл. 22.1. и ответьте на них.*

22.4.3. *Прочитайте, переведите и перескажите рекламационные письма гл. 22.2.*

22.4.4. *Переведите (письменно) письма гл. 22.2. и сделайте обратный перевод (устно) с английского на русский язык.*

171

22.4.5. *Переведите и дополните:*

1. Your goods arrived here today. On taking over the consignment, however, we noticed a deficiency of approximately ... kg.

2. There is a deficiency of ... kg in the consignment. Please offset this difference by return of post with a supplementary delivery.

3. The quantity delivered does not correspond to the details in the invoice. Please make a further delivery of the deficiency or refund the corresponding amount.

4. On taking over the consignment we noticed that the quantities given on the packing note differ significantly from the actual weight of the cases.

5. The consignment advised in your letter of the ... instant arrived yesterday. On opening the cases, however, we noticed that films were missing from some of the cases. The value amounts to ... Please credit us with the above-mentioned sum or dispatch the missing films to us by return of post.

22.4.6. *Прочитайте, переведите и перескажите:*

1.

Касается: рекламации на обнаруженную недостачу деталей к отгруженному оборудованию по заказу № 237

Настоящим направляем Вам акт № ... от ... с. г. о приёмке дизельного оборудования по вышеуказанному заказу.

В данном акте указано, что заводом недослано 30 шт. конусных подшипников.

Просим Вас срочно отгрузить вышеуказанные детали.

Приложение: акт № 1

С уважением

2.

Касается: заказа № 329 от ...

Мы вынуждены сообщить Вам, что получили ряд жалоб от наших клиентов на последнюю партию товара, отгруженную на п/х «Дружба». Наши клиенты пишут, что установленный вес товара не соответствует весу, указанному в коносаментах.

Недостача, правда, в каждом отдельном случае незначительная, но, принимая во внимание, что она имеет место почти во всех партиях, общее количество непоставленного товара довольно велико.

СССР
Всесоюзная торговая палата
Отдел товарных экспертиз

Москва,
улица Куйбы-
шева 6

Форма № 4/нм

Тел. Б3-42-11
Бухг. Б3-43-31

Акт экспертизы № _____

1. Дата составления акта

2. Место составления акта

3. Акт составлен экспертом

В присутствии представителей организации	Должность	Фамилия и инициалы

4. Основание осмотра: Наряд №   от   19   г.

5. Наименование товара. Колич. всей полученной партии
   Колич. товара, предъяв. к экспертизе

6. Задачи экспертизы

7. Товарополучатель

8. Наименование поставщика: инофирма, страна

9. Грузоотправитель

10. Товаропроизводитель

11. Закупочные, расчетные и внутренние приемные товарные документы

Грузо-от-прави-теля	Договор или наряд-заказ №	Транс. №			
	Счет инофирмы № от				
	Счет имп. объед № от	Това-ро-полу-чат.	Счет-фактура №	от	19 г.
	Подпись		Внутр. приемн. акт №	от	19 г.

12. Транспортные документы

Грузо-от-прави-теля	№ эшелона или наим. парохода	№ наклад-ной или коносам.	№ сов. ваго-нов	Ст .от-прав-ления	Дата от-прав-ления	Дата прибытия на ст. назн.	Дата прибытия на скл. покуп.	Пребывание в пути	Пребывание до осмотр.

13. Местонахождение товара и условия его хранения

14. В каком виде предъявлен товар эксперту:
    Состояние тары и упаковки товара

15. Маркировка тары и товара

16. Колич. товара, взятого
    для анализа или образца

173

17. При осмотре товара установлено:

№ № п. п.	№№ (мест, ящиков, кип, кусков)	Наименование товара	един. изм.	Значится по документам:			
				артикул	размер	сорт	коли- чество или вес

18. Фактически оказалось:

Количество или вес		Описание дефектов	Сорт после уценки	%, %/ уценки

Эксперт   Представители

19. Заключение эксперта:

На основании данных раздела 18 настоящего акта

_____

_____

_____

_____

Подлинный акт составлен на   листах.

Эксперт:

_____

Зарегистрирован в Отделе Товарных Экспертиз
Всесоюзной Торговой Палаты

„_____“_____ 19   г.

┌─────────┐
│ М.-П.   │
└─────────┘

Начальник Отдела Товарных Экспертиз

Просим сообщить нам, каким образом Вы полагаете компенсировать эти недостачи, ибо, как Вы сами должны согласиться, мы не должны нести расходы за не полученный нами товар.

С уважением

3.

Сообщаем, что в партии кожгалантереи, отгруженной в адрес Московской центральной базы «Главгалантерея», обнаружена недостача 48 папок арт. ... и одной сумки арт. ... на сумму
руб. ...
Так как недостача обнаружена в ящике с неповреждённой упаковкой, то ответственность за упомянутую недостачу должен нести поставщик. Исходя из вышеизложенного, просим перечислить нам стоимость непоставленного товара в сумме ... руб.
Приложение: 1. акт эксп. № ...

　　　　　　　　2. упаковочные листы — 5 экз.

С уважением

4.

Касается: рекламации на обнаруженную недостачу деталей к отгруженному оборудованию по заказу № ... транс ...
Направляем Вам акт № ... от ... о приёмке дизельного оборудования по заказу ... трансу ..., поступившего с завода им. К. Либкнехта. В данном акте указано, что заводом недослано конусных подшипников ТГЛ-628 в количестве ... шт. и клапанных головок Е 81.090 в количестве ... шт.
Просим срочно отгрузить вышеуказанные детали.
Приложение: Акт № 2 на 3-х листах.

С уважением

5.

Акц. О-ву ...
Мы получили Ваше письмо от 15 с. м., в котором Вы отказываетесь уплатить нам сумму в 600 ам. долл. в качестве возмещения убытков, возникших в связи с задержкой в поставке 4 шлифовальных станков по заказу № 1.225.
Вы указываете в Вашем письме, что извещение о готовности станков к отгрузке было послано Вами нашему экспедитору 15 августа, т. е. за 5 дней до срока поставки, указанного в заказе. Мы не можем согласиться с Вашей точкой зрения. На основании § 8 Общих условий нашего заказа, машины считаются готовыми к отгрузке только после того, как они будут осмотрены и испытаны нашими приёмщиками. Осмотр и испытание были произведены на Вашем заводе только 15 сентября, после того, как

175

Заказ №   В/О

Упаковочный лист

Место №

№№ п. п.	Подробный перечень упакованных предметов (с указанием типа, модели, марки, номера, изделия)	Единица измерения	Количество товара	Примечание

Вес места: брутто   кг, нетто   кг

Подпись

Упаковочный лист должен находиться внутри того грузового места, на которое он составлен; комплект вторых экземпляров упаковочных листов на оборудование для комплектных предприятий вкладывается в первое место отгружаемой единицы оборудования.

В случае отправки товара в неупакованном виде документация должна быть помещена в отдельный ящик и отправлена вместе с грузом.

При перевозочном документе — ж.-д. накладной, багажной квитанции, накладной воздушного сообщения и т. д. — высылаются отгрузочная спецификация в трех экземплярах с пометкой на одном экземпляре (в верхнем правом углу) «для таможни» и сертификат о качестве в одном экземпляре.

наши экспедиторы потребовали прислать им разрешение на отгрузку станков, подписанное нашими приёмщиками. Поэтому считаем Вас ответственными за задержку в поставке станков, и мы дали указание нашей бухгалтерии удержать вышеуказанные 600 ам. долл. из суммы Вашего счёта.

Однако если Вы пожелаете передать дело в арбитраж, мы готовы назначить нашего арбитра из числа членов Внешнеторговой Арбитражной Коммисси при Всесоюзной Торговой Палате в Москве.

С уважением

22.4.7. *Переведите (Контроль на стр. 207):*

1.

In your letter of ... you complained about the last consignment re Order No. ... of .... You claimed that some cases of films did not contain the quantities indicated on the packing note.

We immediately forwarded your complaint to the supplying factory, whereupon we were informed by the latter that the complaint was justified. In error, too few films had indeed been packed.

Please excuse this incident and rest assured that such errors will not occur in future.

We have instructed the supplying factory to dispatch the 45 films by airmail.

Yours faithfully

2.

Ref: EO ..., 12 part deliveries

We would hereby like to draw your attention to the fact that in the delivery of ... (Wagon No. PKP ...) 48 brief-cases, Type No. ..., are missing. In the accompanying documents the full number appears; however, cases 6, 7, 8 and 9 contain not 432 but only 384 brief-cases.

We shall deliver the balance of 48 additional brief-cases in the next wagon without accompanying documents.

Please excuse the error.

Yours faithfully

3.

Ref: ...

We have thoroughly investigated your complaint and are now able to let you know our position as follows: On dispatch the supplying factory was unable to find room for 5 cases on the wagon. For this reason the cases were left behind. Unfortunately, up till now it has not been possible to ship these

5 cases. We are, however, able today to inform you that they will be delivered in the course of this week.

We would ask you to be good enough to excuse the difficulties which have arisen, and remain

Yours faithfully

4.

Ref: Your complaint of ..., Contract No. ...

On the basis of your letter we have investigated the complaint referred to above and ascertained the following:

It is correct that the 4 cases Nos. ... you mention contained only 60 briefcases instead of 108.

This error was, however, noticed by us immediately after the departure of the wagon (No. PKP ...) and the addressee was immediately informed that the missing 48 cases would be delivered in the next wagon. We enclose for your information our letter of ..., in this connection, to the addressee. In the meantime, the 48 cases were forwarded on the ... instant in wagon No. DR ... In accordance with Delivery Receipt Note No. ... they were in cases Nos. ... The Delivery Receipt Note bore the following remarks:

"Further delivery of the deficiency in wagon PKP ... of the ... Contract ... 4 cases Nos. ... each containing 12 items = 48 items, in accordance with our airmail letter of ..."

Clearly the addressee failed to note both our letter of the ... and also the remarks on the Delivery Receipt Note at the time of arrival of wagon DR. We hope that we have thus cleared up the matter. Although we were unable to discover a deficiency in item ... in case 29/1 (our Delivery Note No. ...) we shall dispatch to the addressee as a postal packet one brief-case Type ... in view of the trivial nature of the article and in order to avoid further correspondence.

22.4.8.   *Повторите содержание §§ 39—45 «Общих условий ...»*

22.4.9.   *Прочитайте, переведите и перескажите содержание §§ 46—58 «Общих условий ...»*

22.4.10.   *Составьте 15 вопросов и ответов к содержанию §§ 46—58 «Общих условий ...»*

23. Рекламационные письма относительно качества

23.1. *Письма*

1.

Касается: машин по заказу от 16 декабря 19.. г.

Сообщаем, что в счёт этого заказа мы получили вторую партию машин, прибывших на пароходе «Днепр».

Все эти машины были немедленно установлены на заводах наших комитентов и тщательно испытаны в соответствии с п. 4 заказа. К сожалению, в результате испытания обнаружена недостаточная производственная мощность 6 машин (9,12—15,21 в Вашем счёте). Из прилагаемого при этом акта испытания Вы увидете, что количество выпускаемых этими машинами деталей значительно меньше, чем предусмотрено заказом. Несмотря на точное соблюдение Ваших инструкций по эксплуатации и содержанию машин, нам не удалось добиться большей производительности.

Ввиду этого мы вынуждены возвратить Вам эти машины с отнесением на Ваш счёт всех расходов, связанных с их возвратом, а также убытков, вызванных задержкой в производстве. Однако если бы Вы пожелали, чтобы мы приняли некондиционные машины, мы могли бы пойти Вам навстречу и оставить у себя эти машины лишь при условии предоставления Вами 10% скидки с их стоимости.

До удовлетворения Вами этой претензии просим воздержаться от отгрузки следующей партии. В ожидании благоприятного ответа остаёмся

с уважением

2.

Касается: рекламации по качеству товара, поставленного по договору № ... от ...

Ссылаясь на наше письмо от ... и на наш вчерашний телефонный разговор с г. (-ном) Х., сообщаем Вам, что мы, к сожалению, не сможем принять последнюю партию томатной пасты, поставленную по договору № ... от ... по ценам, указанным в договоре.

Согласно двустороннему акту, подписанному представителями сторон, было вскрыто 8% общего числа мест партии и сделаны пробы весом около 500—600 г каждая. Анализ, произведенный Государственной лабораторией согласно § 7 нашего договора, который считается окончательным

для обеих сторон, показал, что товар не соответствует качеству, преду-
смотренному в § 2 договора.

Согласно договору, мы имеем право отказаться от товара. Однако если
бы Вы пожелали, чтобы мы приняли некондиционный товар, мы могли
бы пойти Вам навстречу и оставить у себя эту партию товара лишь при
условии предоставления Вами 10% скидки со стоимости.

До удовлетворения Вами этой претензии просим воздержаться от отгрузки следующей партии. В ожидании благоприятного ответа остаёмся

с уважением

3.

Считаем целесообразным поставить Вас в известность, что выполнение
нашего заказа № ... от ... требует, по мнению наших инспекторов,
более внимательного отношения к нему со стороны руководства завода
и ОТК, т. к. в процессе производства был выявлен брак, несовместимый
с нашими требованиями.

Так, например, имели место:

1) частичная непригодность материала,

2) небрежная отделка,

3) непрочность окраски и т. п.

Надеемся, что Вы примете необходимые меры по устранению этих недо-
статков и дадите заводу-изготовителю соответствующие указания.

С Уважением

23.2. *Слова и выражения*

недоста́точный	insufficient
испыта́ние	test, check
выпуска́ть uv., -а́ю, -а́ешь	to turn out, produce
вы́пустить v., -щу, -стишь	
содержа́ние (маши́н)	maintaining, maintenance, servicing (of machines)
некондицио́нный	not according to contract
воздержа́ться (от чего-л.) v., -ержу́сь, -е́ржишься	to desist, refrain from
возде́рживаться uv., -аюсь, -аешься	
целесообра́зный	appropriate, proper
брак	reject
несовмести́мый	irreconcilable
неприго́дность, -и	unsuitability
небре́жный	careless
отде́лка	workmanship
окра́ска	paint, finish
вскрыть v., -ро́ю, -ро́ешь	to open up, undo, unwrap
вскрыва́ть uv., -а́ю, -а́ешь	

23.3.1.   *Прочитайте, переведите и перескажите содержание писем гл. 23.1.*

23.3.2.   *Переведите (письменно) письма гл. 23.1. и сделайте обратный перевод·(устно и письменно) с английского языка на русский.*

23.3.3.   *Напишите сами два рекламационных письма относительно количества и качества, используя новые слова и выражения гл. 22.1. и. 23.2.*

23.3.4.   *Переведите:*

1. We unfortunately find ourselves obliged to complain of the quality of the goods.
2. The goods delivered are considerably poorer than the sample and bear no relationship to the price.
3. For the reasons given we would ask you to grant us a corresponding reduction in price.
4. We are unfortunately not entirely satisfied with the execution of our order of ... as 50 articles in the last consignment arrived so badly damaged that we can find no use for them. We are returning these damaged articles to you and ask you to send undamaged ones.
5. As the goods which have been delivered are not in any way in accordance with the sample which your representative, Mr ..., showed us, we are obliged to place the goods at your disposal and to request you delivery of other goods which are in accordance with the sample No. ... shown to us.
6. We are unfortunately obliged to refuse acceptance of your consignment of ... since the goods sent do not correspond to the contents of our order of ...
7. We very much regret the differences of opinion which have arisen concerning the determination of the quality of the goods delivered.
8. The quality of the goods delivered does not meet our expectations. Moreover, we must point out that the consignment contains several articles which we did not order.
9. The quality of the goods leaves much to be desired.
10. We have in no way deviated from the provisions of the contract.
11. We shall have this matter investigated and inform you of the results by return.
12. We regret to have to inform you that we refuse to accept delivery of the machines.

23.3.5. *Прочитайте эти письма, переведите и перескажите их содержание (в настоящем, прошедшем и будущем времени):*

1.

Касается: рекламации по актам экспертизы № ...

Настоящим сообщаем Вам, что мы до сих пор не имеем результатов рассмотрения нашей претензии на плохое качество и брак игрушек согласно акту вышеуказанной экспертизы.

Забракованные актом экспертизы игрушки отправлены в Ваш адрес ... с. г. по железнодорожной накладной № ... в общем количестве ... шт.

Кроме того, мы до сих пор не имеем окончательного ответа на претензию по акту экспертизы № ... от ... по браку ... штук, хотя письмом от ... Вы сообщили нам, что Вы просили фирму пересмотреть её отрицательное решение.

Просим Вас пересмотреть и удовлетворить упомянутую претензию.

С уважением

2.

Касается: поставки табака по договору № 429 от ...

К нашему большому сожалению, мы должны обратить Ваше внимание на то, что мы не удовлетворены качеством товара, поставленного Вами по вышеуказанному договору и отгруженного на пароходе «Мир».

Качество последней партии товара не соответствует присланным нам образцам. Товар этот может быть принят нами только в том случае, если Вы снизите цену, а именно, вместо ... за кг. будете считать ... за кг.

Просим Вас также сообщить нам причину, по которой Вами до сих пор не отгружена очередная партия товара по контракту № ..., которая должна была быть поставлена нам не позднее 10 марта с. г.

В ожидании скорого ответа остаёмся

с уважением

3.

В/О «Продинторг» сообщает, что представленные Вами образцы вишнёвого сиропа были исследованы Московским «Научно-исследовательским институтом пищевой промышленности», который подтверждает, что сироп изготовлен из натурального вишнёвого сока с добавлением от 0,03 до 0,06% вишнёвой эссенции и от 0,03 до 0,04% амаранта и сахарного колера в качестве красителя.

Как подтверждает упомянутый институт, сироп по химическим показателям соответствует техническим условиям ГОСТ-а № ... и пригоден для пищевых целей.

Из изложенного следует, что В/О «Продинторг» поставило в ... вишнёвый сироп в соответствии с существующим в СССР на этот товар ГОСТ-ом и, следовательно, выполнило свои обязательства по договору. Ввиду этого В/О «Продинторг» не видит оснований для какой бы то ни было уценки поставленного торг. предпр. «Нарунг» вишнёвого сиропа.

С уважением

4.

Касается: контракта № 50/07/812

Ссылаясь на наше письмо от 25 апреля с. г. с приложением акта экспертизы и на вчерашний телефонный разговор с Б., сообщаем, что мы, к сожалению, не можем принять последнюю партию кофе, отгруженную Вами на п/х «Север», в счёт контракта 50/07/812 по ценам, указанным в Вашем счёте. Качество товара оказалось значительно ниже качества образцов, на базе которых был заключён контракт.

Мы должны также указать на то, что товар был отгружен Вами 10 апреля, т. е. через три недели после даты поставки, обусловленной в контракте. Вам должно быть известно, что, согласно § 6 контракта, мы имеем право отказаться от некондиционного товара. Однако учитывая наши длительные деловые отношения, мы готовы, в виде исключения, принять эту партию кофе при условии, что Вы снизите цены, указанные в Вашем счёте, на 15%.

Мы уверены, что Вы согласитесь предоставить нам эту скидку, и просим сообщить нам Ваше решение по телеграфу.

В случае Вашего отказа мы, согласно § 10 контракта, должны будем передать дело во Внешнеторговую Арбитражную Комиссию при Торговой Палате СССР в Москве.

С уважением

5.

Касается: Вашей рекламации от 15 октября с. г.

Мы тщательно изучили Вашу претензию от 15 октября с. г. и вынуждены отклонить её по следующим причинам.

Перед отгрузкой из Одессы товар был осмотрен Вашими представителями, которые установили, что качество товара полностью соответствует описанию и спецификации, приложенным к договору, о чём свидетельствует прилагаемый к настоящему письму акт осмотра, подписанный Вашими представителями. Ввиду этого, мы не можем предоставить Вам скидку со стоимости товара из-за того, что качество его якобы ниже качества образцов, на основании которых был заключён контракт,

Что касается Вашего требования о возмещении Вам стоимости недостающих 8,5 т, то оно также лишено основания, поскольку контракт был заключён на условиях фоб. С Вашей претензией Вы можете обратиться к Страховому обществу, у которого застрахован товар.

С уважением

6.

Касается: поставки шерсти по контракту от … 19.. г.

Подтверждая получение партии шерсти по вышеуказанному контракту с п/х «Садко», мы, к сожалению, вынуждены сообщить Вам, что вся партия не соответствует образцам, на основании которых была заключена сделка.

При этом прилагаем акт о приёмке товара, устанавливающий пониженное качество шерсти, ввиду чего мы имеем право на 25% скидку с договорной цены. В случае Вашего отказа предоставить нам такую скидку, мы будем вынуждены отклонить всю партию с отнесением на Ваш счёт транспортных расходов в оба конца и страхования.

В подтверждение нашей претензии посылаем Вам 12 кип шерсти, являющихся образцами, взятыми наугад из разных спецификаций данной партии.

Обращаем Ваше внимание на то, что требуемая нами скидка вряд ли явится достаточной компенсацией за разницу в качестве шерсти как по цвету, так и по прочности волокна.

Однако ввиду наших долголетних деловых отношений и во избежание обратной отгрузки шерсти, мы не настаиваем на большей скидке. Надеемся, что Вы с должным вниманием отнесётесь к этому письму и удовлетворите нашу законную претензию.

В ожидании скорого ответа остаёмся

с уважением

23.3.6. *Переведите (Контроль на стр. 208):*

1.

Ref: Our order no. 493 of … of this year
    Your consignment of … of this year

To our very great regret we are forced to point out that the electric motors sent to us are not in accordance with the information on the brochure.

The shafts are too short for our purposes and the capacity is too small. The electric motors would be suitable for our purposes only after thorough modification.

We would ask you, by referring to the inspection report, to convince yourselves of the correctness of our complaint and to let us have your decision by return. Until this matter is cleared up, we are holding the motors in our warehouse at your disposal.

Yours faithfully

2.

Ref: Your complaint of ... of this year — Electric motors

We are very sorry that our electric motors sent to you on the ... of this month have given rise to a complaint. After investigation of the matter we are convinced that your complaint is completely justified. We are, therefore, prepared to grant you a 5 per cent reduction on the invoiced price thereby compensating you for the expenditure you have incurred. We enclose the credit note.

We hope thus to have settled this matter to your satisfaction and beg you once more to excuse this error.

Yours faithfully

3.

We unfortunately find ourselves obliged to express to you our dissatisfaction over the most unsatisfactory way in which our Order No. 487 of ... of this year was executed.

Not only did you execute the order unpunctually, but you also delivered goods which, as regards quality, were very much inferior to the sample you sent to us.

We are interested in the goods only on the condition that you reduce the price significantly.

For the moment, there fore, we refuse to accept the second half.

Looking forward to your proposals for settling this matter, we remain

Yours faithfully

23.3.7.   *Краткие разговоры в универмаге*

1. — Товарищ продавец, где можно купить кожаные перчатки?

— В отделе кожгалантереи.

— Спасибо.

— Будьте добры, покажите мне кожаные перчатки.

— Какого цвета — чёрного, серого или коричневого?

— Коричневого, пожалуйста.

— Посмотрите вот эти перчатки, они вам, наверно, понравятся.

— Нет, они мне не подходят, а вот эти перчатки мне нравятся. Сколько они стоят?

— Шесть рублей.

— Я возьму их.

2. — Покажите, пожалуйста, этот тёмный материал.

— Пожалуйста, это чистая шерсть.

— Сколько стоит метр этого материала?

— Десять рублей.

— Скажите, сколько метров мне нужно на костюм?

— Вам нужно три с половиной метра, может быть и немного меньше — три метра двадцать сантиметров.

— Хорошо, я возьму три с половиной метра.

— Вот чек. Платите в кассу.

— Спасибо.

3. — Покажите, пожалуйста, костюм для моей девочки.

— Какой размер вам нужен?

— Точно не знаю, но думаю, тридцать пятый.

— На сколько лет?

— На шесть лет.

— Вот красивый шерстяной костюм из четырёх предметов: свитера, брюк, шапочки, шарфа.

— Какого ещё цвета есть у вас эти костюмы?

— Синего, серого, коричневого, бежевого, зелёного и красного.

— Большое спасибо. Я возьму зелёный костюм.

— Вот чек. Платите в кассу.

4. — Покажите, пожалуйста, туфли на тонком каблуке.

— Вот прекрасные туфли.

— Спасибо. Можно их примерить?

— Пожалуйста, пройдите туда и садитесь. Вам какой размер?

— Тридцать седьмой, пожалуйста.

— Вот тридцать седьмой.

— Они мне очень нравятся, только боюсь, что они мне немного свободны.

— Я дам вам другую пару, размер тридцать шестой. Вот, пожалуйста.

— Спасибо. Эти, кажется, подходят. Да, они хороши! Я их возьму.

— Вот чек. Платите в кассу.

23.3.7.1. *Задания:*

1. Прочитайте, переведите и выучите эти разговоры.

2. Составьте подобные разговоры на темы «парфюмерия», «кожгалантерея», «пластмассы», «ювелирные изделия», «посуда», «ткани», «бельё», «меха», «готовое платье», «обувь», «игрушки».

23.3.7.   *Повторите §§ 47—58 «Общих условий . . .» и составьте разговор на тему «претензии по качеству и количеству».*

24. **Рекламационные письма относительно упаковки, маркировки, срока поставки, цены**

24.1. *Письма*

1.

Касается: партии химтоваров по заказу № 3042

Мы получили Ваше письмо от 25 прошлого месяца, подтверждающее прибытие первой партии химтоваров, поставленных нами по заказу № 3042.

В своём письме Вы сообщаете, что из полученных Вами 20 ящиков химтоваров 4 ящика прибыли в повреждённом состоянии, вследствие чего товар, находившийся в этих ящиках, оказался испорченным, причём по Вашему мнению, причиной порчи товара является небрежная упаковка.

Мы не можем не выразить нашего сожаления по поводу происшедшего, однако не считаем себя ответственными за порчу товара, т. к. он был тщательно упакован опытными рабочими и перед погрузкой на пароход был осмотрен Вашим представителем, что подтверждается соответствующим актом. Кроме того, груз был принят капитаном парохода без всякой пометки в коносаменте. Это доказывает, что товар был отгружен в хорошем состоянии и ящики, по всей вероятности, были повреждены в пути или во время выгрузки.

Поэтому рекомендуем Вам обратиться с претензией к страховому обществу.

С уважением

2.

В связи с Вашим письмом от 20 апреля и в подтверждение нашего сегодняшнего телефонного разговора мы, к сожалению, должны Вас уведомить, что никоим образом не считаем себя ответственными за порчу 3 ящиков товара с парохода «Ока», прибывшего в Висмар 17 апреля с. г. Товар был тщательно упакован квалифицированными рабочими в точном соответствии с Вашими инструкциями.

Хотя по договору Вам было предоставлено право осмотреть товар до отгрузки, Вы сообщили телеграммой от 8 апреля, что отказываетесь от осмотра.

Товар был отгружен в отличном состоянии, и мы рекомендуем Вам обратиться с Вашей претензией к страховому обществу, т. к. товар, несомненно, был повреждён в пути или во время выгрузки.

Что касается Вашей жалобы на несвоевременную отгрузку товара, то мы должны заявить, что если бы Ваши инструкции об отгрузке товара были получены нами до 2 апреля, как мы просили, товар мог бы быть отгружен нами 5 апреля на п/х «Север».

Однако мы получили Ваши инструкции лишь 7 апреля, и поэтому товар был отправлен следующим пароходом 15 апреля.

С уважением

3.

Касается: парохода «Диана»

В результате обмена письмами между нашим Объединением и Вашей фирмой, Вы обязались направить к 14 ноября с. г. в Ленинград п/х «Диана» под погрузку партии пшеницы в 8 тыс. тонн.

Несмотря на то, что прошло уже 12 дней после этого срока, указанный п/х в порт погрузки не прибыл. Более того, мы даже не получили Вашего сообщения о дате выхода этого п/х из Лондона в Ленинград.

Обращаем Ваше внимание на то, что задержка в направлении Вами судна вызывает непроизводительные расходы по хранению зерна. Кроме того, считаем необходимым предупредить Вас, что в случае неприбытия указанного парохода в Ленинград к 1 декабря с. г. мы будем вынуждены отнести на Ваш счёт неустойку, которую нам придётся уплатить покупателю этой партии зерна из-за неотгрузки её в срок, предусмотренный договором.

Просим срочно направить п/х «Диана» в Ленинград и телеграфировать нам о дне его выхода в море.

С уважением

24.2. *Упражнения и задания*

24.2.1. *Прочитайте, пвреведите и перескажите содержание писем гл. 24.1.*

24.2.2. *Переведите (письменно) письма гл. 24.1. и сделайте обратный перевод (устно и письменно) с английского языка на русский.*

24.2.3. *Переведите:*

1. We must unfortunately complain of your consignment of ... since it arrived badly damaged as a result of faulty packing.

2. The goods dispatched to us on the ... arrived today. As a result of faulty and inexpert packing some of the equipment is so seriously damaged that we would not be able to accept it even with a reduction in price.

3. Because of faulty packing the last consignment arrived seriously affected by frost, with the result that the goods are unacceptable by us. Consequently, we are placing this consignment of goods at your disposal and await your early instructions.

4. The goods which arrived today are badly damaged which is undoubtedly ascribable to faulty packing. We would request you to pack the goods more carefully in future and to follow strictly our instructions in this respect.

5. The goods are in part damaged which is attributable to the careless packing. We have no alternative but to return the goods.

6. Because of careless packing a part of the goods has been damaged by sea-water.

7. We must reject your claim of the ... as, according to the contract, we are not responsible for such incidents.

8. According to Contract No. ... of the ... you were to deliver the goods to us by the ... of this month. Since the consignment has unfortunately not arrived up till now, we would request an immediate explanation of this matter and the dispatch of the outstanding goods within the present week.

9. We very much regret that we were unable, as the result of difficulties with raw materials and pressure of orders, to fulfil punctually your order of the ... of this month. We would ask you to excuse this delay.

10. We assure you that the goods ordered will be ready in two to three weeks at the latest and that we shall deliver them to you immediately on completion. We would request your understanding and pardon for the difficulties which have arisen.

11. We trust that you are now satisfied with the goods ordered and will excuse the delay in delivery which occurred.

12. We respectfully request you to excuse the difficulties which have arisen for you through the delay in delivery. We shall naturally compensate you fully for the loss which has occurred and allow you more favourable terms with the next order.

13. Through the considerable delay in delivery we have been put in a most embarrassing position. Besides the inconvenience we have also been faced with a sizeable loss.

14. We very much regret that we are unable to meet you halfway in this matter.

15. The quality of the goods delivered is not in accordance with the price. We would request therefore a price reduction of 10 per cent on the amount of the statement.

16. We are granting you a five per cent price reduction on the invoiced amount and hope that you are satisfied with this decision.

17. Since your claim is not justified, we are unfortunately unable to grant you the desired price reduction.

18. Your consignment of the ... of this month arrived here on ... as arranged. On checking the invoice, however, we observed that you have charged us ... more per metre than was agreed. We are therefore returning your invoice and would ask you to send it back to us after correction.

19. On checking the statement we noted that you have charged us net cash without discount, whereas previously you have always allowed us 2 per cent discount.

20. The consignment ordered from you on Order No. ... of ... has arrived as arranged.
    We are somewhat surprised, however, that you invoice the goods to us in dollars although it was agreed to settle the invoice in roubles. Please rectify this matter promptly.

24.2.4. *Прочитайте, переведите и перескажите содержание:*

1.

Подтверждаем получение Вашего письма от 4 февраля с. г., из которого мы, к нашему удивлению, узнали, что Вы предъявляете нам претензию на сумму 2.050 руб. за задержку в поставке товара по контракту № 101 от 1. 4. 19.. г.
Мы тщательно рассмотрели Вашу претензию и должны сообщить Вам, что задержка в поставке произошла не по нашей вине. Мы хотели бы напомнить Вам, что пункт 6 вышеупомянутого контракта предусматривает отгрузку товара в течение 5 дней после открытия Вами в нашу

пользу безотзывного аккредитива в Госбанке СССР в Москве на полную стоимость товара. Такой аккредитив Вы обязались открыть до 5 июля с. г. Фактически же аккредитив был открыт Вами 1 августа, т. е. с опозданием на 25 дней и лишь только после неоднократно посланных Вам телеграмм, в которых мы указывали, что вынуждены будем расторгнуть договор. Таким образом, контракт был нарушен Вами в отношении условий платежа, что и вызвало задержку поставки, следовательно, Вы не вправе требовать от нас уплаты какой-либо неустойки.

Ввиду вышеизложенного мы решительно отклоняем Вашу претензию как необоснованную. Если, однако, Вы намерены передать дело в арбитраж, мы готовы назначить нашего арбитра.

С уважением

2.

Подтверждая получение Вашего письма от ..., сообщаем, что мы дали указание нашим пунктам по отгрузке зерна в ... о том, чтобы они оплачивали железнодорожный тариф только до советско-польской границы. Поскольку отгрузку зерна на экспорт в ... производит большое количество пунктов, часть из которых впервые осуществляет отгрузку, отдельные пункты по ошибке произвели оплату железнодорожного тарифа за провоз зерна не только по советской, но и по польской территории.

С уважением

3.

Ваш счёт на руб. ... от ... № ... поставка № ... по инкассо № ... от ... оплачен нами в сумме руб. ... в связи с расхождением количества сумок по счёту и спецификации.

Просим Вас проверить количество сумок по артикулам в данной партии и о результатах сообщить нам.

Одновременно мы хотели бы обратить Ваше внимание на ошибки, часто допускаемые в Ваших счетах на кожгалантерею, как-то: расхождение счетов со спецификациями по количеству изделий, по артикулам, неточные цены. В результате этого мы вынуждены оплачивать Ваши счета частично, запрашивать Вас или ждать поступления товара и проверять фактическую отгрузку для произведения окончательного расчёта.

Просим Вас уделить этому вопросу необходимое внимание, чтобы устранить подобные затруднения в нашей совместной работе.

С уважением

4.

Касается: рекламации счёта № ..., заказа № ..., транса-№ ...

Настоящим сообщаем Вам, что нами был получен счёт за № ... от ... с. г. на поставленное Вами оборудование по заказу № ..., трансу № ...

По поводу этого счёта отмечаем, что его сумма была Вами вычислена без учёта опоздания поставки товара по данному трансу на 4 месяца. На основании этого мы вынуждены насчитать Вам штраф за опоздание в размере 6% от общей суммы. Согласно существующему соглашению, штраф не взимается только за опоздание до одного месяца.

Кроме того, нами было установлено, что груз был поставлен с большим процентом недогруза, чем было договорено (10% вместо 5%). На основании этого мы произвели перерасчёт суммы Вашего счёта, исходя из средней стоимости заказанного веса, стоимости груза и учитывая 10% недогруза.

Просим Вас произвести соответствующий перерасчёт и предоставить нам возможность выслать в Ваш адрес дебет-ноту на возникшую разницу между Вашим счётом и нашим перерасчётом в сумме руб. ...

Одновременно просим принять меры к тому, чтобы в отгрузочных телеграммах правильно указывалась стоимость отдельных поставок.

С уважением

5.

Касается: расчётов по поставкам зерна в 19.. г.

Подтверждаем получение Вашего письма от ... с просьбой сообщить данные о поставках 19.. г.

В наших счетах имеется номер контракта, в счёт которого засчитывается отгрузка. Поэтому нам непонятно, почему Вы просите проставлять год отгрузки на документах.

Расчёт по поставкам 19.. года будет в основном закончен в январе. В феврале могут быть рассчитаны только отдельные, случайно задержавшиеся документы.

Окончательные данные о поставках 19.. г. мы можем представить Вам в начале февраля с. г.

С глубоким уважением

24.2.5.   *Составьте рекламационные письма на основании нижеследующих данных:*

1.

В/О «Технопромимпорт», г. Москва, в своём рекламационном письме в адрес «Машинен-Экспорт», Берлин, указывает на явные дефекты упаковки груза, прибывшего на приёмочную станцию ... В письме сказано, что содержимое ящиков оказалось под угрозой порчи, ввиду несоответствия качества упаковки требованиям, изложенным в контракте № ... от ... В письме отмечены следующие дефекты:

а) трещины,

б) смещение предметов, вызванное плохим закреплением груза внутри упаковки.

Отсутствие некоторых реквизитов исключает возможность произвести правильную разнарядку груза. Покупатель на основании этого возвращает груз для переупаковки, предупреждая, что подобные нежелательные явления затрудняют оперативную работу станции и сотрудников внешней торговли. Оплата транспортировки от станции ... до ... границы будет отнесена за счёт продавца.

2.

Покупатель предъявляет претензию по поводу последней партии мебели для санаториев и курортов. Покупатель в своей письменной претензии ссылается на акт о приёмке мебели от ... в ..., в котором подчёркивается, что вследствие плохой упаковки полученная мебель была повреждена, поцарапана, у некоторых стульев сиденья оказались прогнутыми, зеркала у некоторых шкафов оказались разбитыми и т. п. Покупатель настаивает на том, чтобы ремонт мебели был произведён за счёт поставщика. Стоимость ремонта покупатель намерен дебетовать по счёту продавца.

3.

Покупатель в своем рекламационном письме предъявляет претензию по поводу того, что по ряду заказов товар поступает в крайне неудовлетворительные сроки. Например, товар по заказу № ... от ... поставлен с опозданием на целых 4 месяца, хотя задержка поставки, согласно письму поставщика, в силу производственных причин, могла составить всего лишь 2 месяца.

4.

Товар по заказу № ... от ... прибыл с опозданием на 1 месяц, так как поставки по заказу № ... от ... из-за непредвиденных обстоятельств не могли быть выполнены. Покупатель согласился с этим, но просил принять необходимые срочные меры для ускорения отправки всех товаров. Подобное отношение к выполнению заказов затрудняет работу обеих сторон и вызывает излишнюю переписку.

24.2.6. *Прочитайте, переведите и перескажите §§ 59—64 «Общих условий ...».*

25. **Общие условия поставок (окончание)**

25.1. *Прочитайте, переведите и перескажите §§ 65—74 «Общих условий ...»*

25.2. *Упражнения и задания*

25.2.1. *Придумайте 15 вопросов и ответов к содержанию §§ 65—74 «Общих условий ...»*

25.2.2. *Переведите и составьте предложения (контроль на стр. 209):*

1. expiry of time limit; 2. to give rise to a complaint; 3. to claim, complain; 4. to protest, object; 5. to complain about; 6. compensation to the amount of; 7. to make inquiries; 8. to note underweight; 9. to debit the account; 10. the misunderstanding which has arisen; 11. to have inquiries made; 12. poor workmanship; 13. to withdraw from the contract; 14. to credit the account; 15. to grant a price reduction; 16. to be in no way responsible for; 17. to remind; 18. to charge the sum of; 19. to assume responsibility for; 20. the making out of the account; 21. the nature of the goods; 22. to refuse acceptance; 23. to admit faults; 24. to avoid such negligence; 25. to take over for completion (repair); 26. to be obliged to s. o.; 27. in order to avoid; 28. to complete without doubt; 29. to be authorized, entitled; 30. to contact the Fair Office; 31. to demonstrate the equipment; 32. to apply to the lender; 33. to ensure mutual advantage and complete equity; 34. to establish connections with interested parties; 35. to be devoid of all foundation.

25.2.3. *Составьте запрос, предложение, заказ, письмо о выполнении заказа и рекламационное письмо.*

25.2.4. *Разговор на выставке*

Д. — Это великолепная, богатая выставка современной техники, не правда ли? Её даже за два дня не осмотришь.

К. — Правда. Здесь представлена техника всех важнейших отраслей промышленности, а их теперь не мало, не то что двадцать лет назад.

В. — Знаете, товарищи, эта выставка превзошла все мои ожидания. Макеты и действующие модели дают полное представление о работе современных машин. Мне особенно понравился отдел, посвящённый строительству коммунизма.

Р. — Меня, как и каждого советского человека, конечно радует, что вы так хорошо понимаете наши задачи и так интересуетесь нашими техническими достижениями.

К. — Как же не понимать. Ваши достижения и для нас интересны. Но меня интерсует ещё вот что, товарищ инженер: образцы каких Всесоюзных Объединений шире всего экспонированы на этой выставке?

Р. — На этой Лейпцигской ярмарке почти все наши крупные Объединения представляют свои изделия. Так, например, В/О «Станкоимпорт» экспонирует свои новейшие станки, режущие и измерительные инструменты, прокатное оборудование и т. д.

В/О «Машиноэкспорт» демонстрирует интересное электротехническое, нефтяное, горное, подъёмно-транспортное, текстильное, полиграфическое и др. оборудование.

Рекомендую вам обязательно посетить стенды В/О «Машиноэкспорт».

К. — Да, обязательно пойдём и туда, но сперва нам надо было бы зайти в павильон, где представлены подъёмные краны.

Д. — Скажите, пожалуйста, где применяется такой подъёмный кран?

Е. — Главным образом при строительстве, но может применяться и при погрузке и разгрузке различных материалов, например, на складах, железнодорожных станциях, пристанях и т. п., где требуется не только подъём или спуск груза, но и перемещение его на некоторое расстояние.

К. — Понимаем. Это значит, что груз может быть перемещён в горизонтальном направлении на расстояние 60 м.

Е. — Совершенно верно. Крюк крана спускается и зацепляется за стальной трос, на котором держится груз. Потом груз поднимается на нужную высоту и кран поворачивается в сторону, например, строительной площадки, судна и т. д. Груз можно опустить в любую точку.

Д. — Вы говорите — в любую точку?

Е. — Разумеется в пределах, ограниченных длиной стрелы.

К. — Откуда управляют работой крана?

Е. — Из кабины. Если вам хочется, можем зайти в кабину.

Д. — Мы были бы вам очень благодарны.

К. — Да, это удивительно удобное и, кажется, простое устройство.

Е. — Благодарю вас за проявленный интерес. Вот вам наши проспекты.

Д./К. — Большое спасибо. До свидания.

25.2.4.1. *Задания:*

1. Прочитайте, переведите, перескажите и выучите этот разговор.

2. Напишите сами подобный разговор об осмотре павильонов лёгкой и тяжёлой промышленности.

Приложение

26. Контроль

Контроль к главе 6.3.5.

1. Сообщаем Вам, что мы ...

2. Мы приняли к сведению Ваше сообщение от ... и сделаем всё, что в наших силах, чтобы ...

3. Сообщаем Вам, что мы получили в полной сохранности образцы и прейскуранты, которые Вы нам переслали, и намерены ...

4. Ссылаемся на Ваше письмо от ... и сообщаем Вам, что ...

5. Позволяем себе сообщить Вам, что мы не можем принять Ваше предложение (что Ваше предложение неприемлемо для нас), т. к. ...

6. С благодарностью подтверждаем получение Вашего письма от ... с. м., но, к сожалению, мы должны сообщить Вам, что наш торговый представитель ...

7. Ссылаемся на Ваше письмо ... и посылаем Вам в приложении копию счёта за номером ... от ...

8. Мы получили Ваше письмо от ... с. г. и приняли к сведению приложенную к нему документацию. В данном случае мы не можем разделить Ваше мнение, т. к. Вы ... (Мы не можем согласиться с Вами, так как Вы ...)

9. В ответ на Ваше письмо от ... мая с. г. посылаем Вам требуемые иллюстрированные каталоги и действительные в настоящее время прейскуранты. В ожидании скорого ответа остаёмся

с глубоким уважением

10. Просим Вас срочно (обратной почтой) сообщить, когда Вы отправили первую партию заказанного товара.

11. Наши информации, которые мы Вам направили, абсолютно правильны и не требуют никакой проверки.

12. Мы были бы Вам очень признательны, если бы Вы сообщили нам свою точку зрения относительно ... Так как размещение заказа зависит от выяснения этого вопроса, просим Вас не медлить с ответом.

Остаёмся с уважением

13. Сообщаем Вам, что мы ... марта с. г. отгрузили последнюю в этом квартале партию товара. Благодарим Вас за новые заказы и остаёмся

с уважением

14. Мы вынуждены еще раз просить Вас сообщить нам точно и своевременно, когда будет производиться предварительная приёмка товара.

15. Надеясь на благоприятное решение нашего вопроса, еще раз просим Вас извинить нас за недоразумение и остаёмся

с уважением

16. Настоящим ставим Вас в известность, что мы послали Вам обратной почтой (заказным письмом) требуемую документацию о ценах.

17. Убедительно просим Вас сообщить нам о принятых мерах для того, чтобы и мы могли со своей стороны принять соответствующие действенные (эффективные) меры.

18. Надеемся, что Вы будете довольны нашими предложениями. Мы просим Вас пересмотреть Вашу прежнюю точку зрения и сделать нам некоторые уступки.

Контроль к главе 7.4.5.

1. Ссылаясь на Ваш запрос от 10 марта, сообщаем Вам, что мы перешлём Вам в ближайшее время требуемый прейскурант, который сейчас перерабатывается и уточняется.

2. Ссылаясь на Ваше письмо от 20 мая . . ., мы, к сожалению, должны сообщить, что в настоящее время мы не можем сделать Вам никакого предложения, так как еще не выяснены все технические вопросы этого проекта.

3. В ответ на Ваш запрос от 25 июня с. г. сообщаем Вам, что мы в принципе готовы сделать Вам требуемое предложение на . . ., но просим Вас подождать ещё некоторое время.

4. Мы попросили наше Торгпредство связаться с Вами и выяснить оставшийся открытым вопрос.

5. Мы, к нашему сожалению, не в состоянии сделать Вам требуемого предложения на . . ., так как наши заводы-поставщики на ближайшее время полностью загружены заказами. Просим Вас обратиться к нам ещё раз через определённое время.

6. Мы переслали Ваш запрос внешнеторговому предприятию . . ., так как необходимый Вам товар находится в его ведении. Мы ведаем только галантерейными товарами.

7. Очень сожалеем, что недостаток сырья в настоящее время не позволяет нам выполнить Ваш заказ. Но мы надеемся, что в недалёком будущем мы сможем сделать Вам твёрдое предложение.

8. В ответ на Ваш запрос от . . . сообщаем Вам, что мы вчера переслали Вам заказным письмом дополнительно копию счёта от . . . за № . . . и копию контракта № . . ., заключённого . . .

9. На Ваше письмо от . . . сообщаем, что . . . с. г. наш представитель господин Х. посетит Вас, чтобы лично передать Вам наше предложение и проинформировать Вас обо всех интересующих Вас вопросах.

10. В настоящее время мы не располагаем необходимым количеством ... В своё время мы вернёмся к Вашему запросу.

11. Ссылаясь на Ваш прежний запрос от ... на вышеуказанные товары, посылаем Вам наши новейшие проспекты ...
Мы не можем выслать Вам в настоящее время требуемых каталогов, так как они ещё находятся в печати, но мы постараемся сделать это в ближайшее время.

Контроль к главе 8.3.3.

1. Просим сообщить нам срочно Ваши возможности поставки пшеницы.

2. Будьте так любезны сообщить нам существующие цены на ...

3. Мы намерены заказать счётные машины. Пришлите нам, пожалуйста, новейшие каталоги и прейскуранты.

4. Какие наиболее выгодные условия поставки Вы можете нам предложить?

5. Мы ссылаемся на Ваше объявление в журнале «Внешняя торговля» № ... за 19.. г. и обращаемся к Вам с просьбой сделать нам предложение на ... с минимальными ценами.

6. На Лейпцигской ярмарке (весенней и осенней) мы осмотрели Вашу выставку предметов домашнего обихода. Возвращаясь теперь к нашему разговору, просим Вас сделать нам приемлемое предложение на ...

7. Еще раз обращаемся к Вам с просьбой выслать нам, по возможности немедленно, набор образцов вышеуказанных товаров.

8. По каким минимальным ценам Вы смогли бы нам поставить ...?

9. Просим приложить к Вашему предложению соответствующие образцы.

10. Сообщите нам, по каким минимальным ценам и к какому сроку Вы смогли бы нам поставить ...

11. Мы заинтересованы в немедленной поставке Ваших машин.

12. Нам известно безукоризненное качество Вашего товара по прежним поставкам, поэтому заверяем Вас, что мы и в будущем будем покупать товары у Вас.

13. Можете ли Вы поставить товар (...) в течение двух месяцев?

14. Нуждаться в чём-либо, сделать скидку, указать размер скидки, приложить инструкцию по эксплуатации, по обслуживанию (о способе употребления), было бы в Ваших интересах, указать условия поставки и платежа, соблюдать срок поставки, минимальная цена, мощность машины, для нас очень важно (мы придаём большое значение), предоставить в распоряжение, сообщить, поставка должна производиться, цена нетто и брутто, транспортные расходы, со всеми необходимыми принадлежностями, предложение с указанием минимальных цен, включая и исключая, заказ.

1. Мы очень рады, что Вы интересуетесь нашими изделиями, и выдаём Вам предложение на ...

2. Мы получили Ваш запрос и благодарим Вас за интерес, проявленный к нашим изделиям.

3. Мы очень заинтересованы в Вашем запросе и предлагаем Вам: а) как твёрдое предложение, б) без обязательств, с оговоркой о промежуточной продаже, в) без обязательств, г) с оговоркой об окончательном решении.

4. Мы с радостью узнали, что Вы хотели бы завязать с нами торговые связи. Пользуясь этим случаем, нам хотелось бы заверить Вас в том, что эти торговые связи являются для Вас очень выгодными.

5. Мы готовы выслать Вам точную калькуляцию, как только Вы сообщите нам свои подробные требования.

6. Мы очень заинтересованы в том, чтобы это предложение стало основой хороших торговых связей между нами, поэтому мы предложили выгодные для Вас цены и условия поставки.

7. Мы искренне хотим, чтобы Вы убедились в безупречном качестве наших изделий и в выгодных ценах. Мы были бы Вам очень обязаны, если бы Вы предоставили нам такую возможность, разместив свой заказ у нас.

8. В случае, если наше предложение отвечает Вашим желаниям, просим Вас срочно выслать нам заказ, потому что спрос на эти изделия в последнее время сильно повысился.

9. Просим специфицировать Ваш запрос, чтобы мы могли сделать Вам предложение с указанием цен.

10. Мы можем поставить Вам необходимое количество, если Вы срочно вышлете заказ.

11. Мы гарантируем выполнение своего предложения, если мы получим Ваш заказ до конца следующего месяца.

12. Так как требуемый товар имеется у нас лишь в небольшом количестве, мы можем поставить его Вам только в том случае, если Вы разместите свой заказ у нас до 25 числа сего месяца.

13. В ответ на Ваше неоднократно высказанное пожелание посылаем Вам твёрдое предложение с условием, что мы получим ответ на наше предложение не позднее ... марта с. г.

14. В настоящее время мы не можем выслать Вам твёрдого предложения на этот товар, так как спрос на эти изделия очень большой, и заводы-поставщики до конца этого квартала полностью загружены заказами. Но мы охотно учтём Ваши пожелания на следующий квартал.

15. Касается: Вашего запроса от ...

Благодарим Вас за Ваш запрос от ... и сообщаем Вам, что мы сегодня отправим Вам с этой же почтой 4 банки томатного пюре в качестве пробы. Товар поставляется в бочках по 120—150 кг нетто в каждой и в жестяных банках по $1/4$, $1/2$, 1 и 2 кг (вес нетто). При закупке 30.000 кг и больше мы можем предложить Вам томатное пюре по цене ... руб. за 100 кг фоб ...

Упаковка будет возвращена или оплачена по себестоимости.

При поставке в банках цена повышается следующим образом:

для банок по 2 кг   на 15 %
для банок по 1 кг   на 17 %
для банок по $1/2$ кг   на 20 %
для банок по $1/4$ кг   на 25 %

Платёж при поставке производится путём инкассо с немедленной оплатой по установленным нами условиям платежа.

Можем предложить немедленную поставку, так как в настоящее время у нас имеются большие запасы товара отличного качества, и мы были бы рады получить Ваш заказ немедленно.

С уважением

16. Касается: предложения на калийные удобрения

Ссылаемся на наш вчерашний телефонный разговор с Вашим представителем, господином X., и предлагаем Вам без обязательств ... т калийных удобрений по цене ... руб. за тонну.

Как Вам, вероятно, известно, цены на удобрения со времени Вашего последнего заказа повысились, что заставило и нас несколько повысить цены.

Образцы по Вашему желанию мы пошлём Вам с этой же почтой. Поставка может производиться в течение 3-х месяцев одинаковыми партиями ежемесячно.

Условия платежа Вам уже известны из нашего письма от ...

Ввиду большого спроса просим срочно сообщить нам по телеграфу о своём решении.

С интересом ожидаем Вашего благоприятного ответа и остаёмся

с глубоким уважением

Контроль к главе 12.3.7.

1. Благодарим Вас за Ваше предложение от ..., а также за присланные образцы и просим Вас поставить нам ...

2. Мы согласны с Вашим предложением и заказываем у Вас ...

3. Просим Вас поставить нам на основании Вашего предложения от ... следующие товары ...

4. На основе Вашего предложения от ... прошлого месяца и присланных образцов товара мы заказываем у Вас ...

5. Просим Вас подтвердить телеграфом принятие заказа и сообщить нам срок отгрузки.

6. Согласно договору № ... от ... мы заказываем ...

7. Благодарим Вас за Ваш заказ от ...
8. Благодарим Вас за Ваше письмо и за размещённый у нас заказ ...
9. Заказ должен быть подтверждён в течение ... дней.
10. Заказ считается действительным только после получения Вашего подтверждения.
11. К нашему большому сожалению, мы должны сообщить Вам, что мы в настоящее время не можем поставить Вам заказанные запчасти, потому что ...
12. С принятием этого заказа вся предварительная корреспонденция по этому вопросу теряет силу.
13. Просим оформить контракт на ...
14. Мы не можем сразу выполнить выданный нам заказ, потому что ...
15. Мы приняли к сведению Ваш заказ от ... сего месяца и дали указание на изготовление машин.

Контроль к главе 13.3.4.

1) отправить воздушной почтой, отправить заказным (письмом), нарочным (письмом), 2) отгрузить товар, 3) текущий счёт в банке, текущий счёт в почтовом отделении, 4) подробно описать, 5) навести справку, дать справку, 6) ссылаться на письмо, 7) поступление письма, 8) в ответ на письмо, в течение двух недель (трёх дней, четырёх месяцев), в течение будущей (следующей) недели, 9) получить с благодарностью, 10) настоящим подтвердить, 11) настоящим предложить, 12) своевременно отправить, 13) проведённые переговоры, 14) отправить (прислать) пробу товара, 15) поставить по желанию (согласно желанию), 16) отправить (отгрузить) партию товаров, 17) принять к сведению, 18) зайти (прийти, приехать) в ближайшие дни, 19) мы получили письмо, 20) заключить договор, 21) послать каталоги бандеролью, 22) справиться с этим делом, 23) ожидать ответа, 24) иметь ещё на складе большое количество, 25) не дать знать (не поставить в известность, не сообщить), 26) красить шкурки, 27) общество с ограниченной ответственностью, 28) послать в приложении, 29) товар, о котором идёт речь, 30) (по)ставить в известность, 31) написать письмо с копией, 32) последняя котировка цен, 33) образец каракулевой шкурки, 34) отправить обратной почтой, 35) отправить с этой почтой отдельно бандеролью, 36) направить письмо в адрес народного предприятия ..., 37) хорошо выбирать, 38) обратиться к нему.

Контроль к главе 14.4.6.

1. early placing of an order; 2. to pay cash; 3. to compute the costs; 4. to buy (obtain) goods; 5. to fix the gross price; 6. to keep to the delivery date; 7. the price fixed (the price) is in accordance with the pro-forma invoice; 8. any deliveries; 9. we are most anxious; 10. to grant a discount; 11. if the answer is in the affirmative (if "yes"); 12. to bring the machine into operation; 13. to enclose the instructions for use; 14. in equal monthly instalments (shipments); 15. to supply finished goods (products) of

204

man-made materials; 16. with immediate delivery; 17. at your choice, as you decide; 18. to quote the price net; 19. by airmail, by registered mail (by rail, air, car); 20. to pay a commission; 21. to charter (hire, freight) a ship; 22. to give technical data; 23. to provide, equip; 24. to take over the insurance; 25. to go on an official journey; 26. to return to the discussion; 27. to decide on the assortment; 28. the circumstances referred to; 29. setting-up diagram for the equipment; 30. on the day of receiving the shipment; 31. to gather from the advertisement; 32. readiness to meet you half way; 33. to bear the circumstances in mind; 34. to give a negative decision; 35. opening of a letter of credit; 36. to send an open offer; 37. on the recommendation of your representative; 38. to make use of the opportunity and recommend the new products; 39. in view of our situation; 40. to obtain information in the following matter.

Контроль к главе 16.2.4.

1. Поставки производятся на основании «Общих условий поставок от ...» и дополнений, согласованных между ... и СССР.

2. Условия поставки соответствуют международным правилам и излагаются по «Инкотермс 19..».

3. Однако Вы должны были бы взять на себя обязательство не продавать товар другим странам, ни самим, ни через посредников.

4. Наше подтверждение заказа является одновременно законным разрешением на вывоз товара и подтверждает, что заказанный товар поставляется (в отношении качества и количества) в соответствии с согласованными условиями.

5. Срок поставки: а) надо ещё согласовать, б) около ... недель после поступления Вашего заказа, в) будет установлен и сообщён после уточнения вида и количества товара.

6. Начало поставки: а) ... недель после поступления разрешения на отправку товара со стороны внешнеторгового предприятия, б) при своевременной высылке соответствующих отгрузочных инструкций для ежемесячных поставок, размеры которых будут устанавливаться в ходе поставки, в) около ... недель после поступления извещения об открытии товарного аккредитива со стороны Дейче Аусенхандельсбанк, г) при соблюдении указанных сроков открытия аккредитива в начале ... квартала 19.. г.

7. Условия платежа: По инкассо с немедленной оплатой согласно торговому соглашению: по инкассо против документов; платёж против документов; платёж производится нетто-касса в течение 30 дней, считая с даты поступления счёта; платёж производится сразу после осмотра товара; поставка против инкассо после получения товара; акцепт векселя против документов.

8. Просим сообщить нам, какие платёжные средства имеются в Вашем распоряжении.

9. Во время нашего последнего разговора мы пришли к общему заключению, что в этой сделке самым выгодным условием платежа является подтверждённый безотзывный аккредитив с оплатой против коносамента в трёх экземплярах.

10. Мы лишены возможности платить наличными, платёж может быть произведён только путём взаимного расчёта.

11. Расчёт производится в рамках компенсационной сделки № ... по вышеуказанным условиям платежа.

12. Оплата производится не наличными и не валютой, а путём встречных поставок товаров.

13. Платёж желательно произвести путём открытия подтверждённого безотзывного частичного аккредитива в Дейче Аусенхандельсбанк в Берлине до отправки товара.

14. Для своевременного проведения операций необходимо, чтобы аккредитив был открыт около ... недель до поставки и был действителен в течение ... недель после поставки товара.

15. Мы рады получить Ваше согласие на оплату в форме стопроцентного покрытия стоимости товара аккредитивом с оплатой против предъявления судовых документов.

Контроль к главе 18.3.4.

1) ввести (взять) машину в эксплуатацию, 2) обратиться к фирме по следующему делу, 3) оставаться конкурентноспособным, 4) допускаемый вес сверх установленного в договоре, 5) обнаружить вес ниже установленного в договоре, 6) по усмотрению продавца, 7) цены поднимаются (повышаются), 8) оставить (сохранить) за собой право, 9) допустить частичную поставку, 10) с отклонением в весе, 11) обладать правом распоряжения, 12) сообщить о готовности к отправке, 13) в пользу покупателя, 14) подготовить к приемке, 15) открыть безотзывный аккредитив, 16) снизить цены на 20%, 17) выполнить заказ неудовлетворительно, 18) установить разногласия, 19) уплата (платёж) нетто-касса (наличными, без скидки), 20) неприемлемое предложение, 21) быть обязанным (признательным) за аккуратное выполнение заказа, 22) зайти к нему по делу, 23) для нас очень важно, 24) речь идёт о ..., 25) нести ответственность за ... 26) изделия безупречного качества, 27) вернуть поврежденные части, 28) непригодная машина, 29) быть действительным четыре недели, 30) представляется случай.

Контроль к главе 21.3.8.

1) национальная валюта, 2) производить платежи за аренду и наём, 3) пассивное сальдо, 4) возместить расходы по разъездам, 5) шесть месяцев до истечения, 6) уплатить складские расходы, 7) с заявлением о расторжении за 6 месяцев до прекращения действия (соглашения), 8) заявить о расторжении договора, 9) по согласованию между нами, 10) по согласованию с (между), 11) сохранять силу, 12) дипломатическое (торговое) представительство, 13) свободно от комиссионных расходов, 14) страховые услуги, 15) компетентные власти, 16) в целях устранения, 17) расчётный американский доллар, 18) банк-должник, 19) банк-кредитор, 20) назвать способ платежа, 21) аккредитивное поручение, 22) если не оговорено противное, 23) встречное исполнение, 24) в любое время, 25) располагать опреде-

лённой суммой, 26) документы, соответствующие условиям договора, 27) платёж непосредственно против (выдачи документов), 28) в наш дебет (за наш счёг), 29) в наш кредит (в нашу пользу), 30) отзывный (безотзывный) аккредитив, 31) взвесить товары, 32) судебным путём выяснить, 33) покрыть, сбалансировать, 34) инкассирование долговых требований, 35) встречная стоимость, 36) наложить арест, 37) выписка счёта, 38) обратиться в суд, 39) покупатель, задерживающий платёж, 40) только Вы, 41) Вы должны будете, однако, согласиться (допустить), 42) быть просроченным по сроку давности, 43) попасть в ненадлежащие руки, 44) без авизо, 45) чекодержатель (чекопредъявитель), 46) иметь право на возмещение, 47) отказаться произвести платёж, 48) ломбардные операции, 49) оценочная стоимость, 50) помещение товара на склад, 51) установить процентную ставку, 52) предъявить складские документы, 53) страховать от огня, 54) занести в дебет счёта, 55) снижение цены.

Контроль к главе 22.4.7.

1.

В Вашем письме от ... Вы заявили претензию по последней партии товара по заказу № ... от ... Вы заявили, что некоторые ящики не содержат указанного в упаковочном листе количества фотоплёнок. Мы немедленно направили Вашу рекламацию заводу-поставщику, который сообщил нам, что Ваша рекламация обоснована. Действительно, по ошибке было упаковано меньше плёнок.
Просим извинить нас за упущение и уверяем Вас, что подобных ошибок в будущем не повторится.
Мы дали указание нашему отправителю дополнительно поставить 45 плёнок авиапочтой.

С уважением

2.

Касается: экспортного заказа ... , 12 партии товара
Настоящим ставим Вас в известность, что в поставке ... (вагон № ПКП ...) недостаёт 48 портфелей, артикул № ...
В сопроводительных документах указано полное количество, однако, ящики 6, 7, 8 и 9 содержат не 432 портфеля, а только 384. Недостающие портфели в количестве 48 шт. мы поставим дополнительно следующим вагоном без сопроводительных документов.
Просим извинить нас за упущение.

Остаёмся с уважением

3.

Касается: ...
Мы внимательно рассмотрели Вашу рекламацию и можем теперь сообщить Вам свою точку зрения, а именно:
При погрузке завод-поставщик не смог поместить в вагон 5 чемоданов, поэтому чемоданы остались неотправленными. К сожалению, до настоящего времени не представилось возможности отправить эти 5 чемоданов. Но теперь мы можем сообщить Вам, что чемоданы будут отправлены еще на этой неделе.
Просим извинить нас за возникшие затруднения и остаёмся

с уважением

4.

Касается: Вашей рекламации от ..., контракта № ...

На основании Вашего письма мы рассмотрели вышеуказанную рекламацию и установили следующее:

В указанных Вами 4 ящиках №№ ... действительно вместо 108 портфелей было только 60.

Однако эту ошибку мы обнаружили лишь после отправки вагона (№ ПКП ...). Мы немедленно сообщили получателю, что недопоставленные 48 портфелей будут посланы со следующим вагоном.

Письмо к получателю, касающееся данного вопроса, мы пересылаем Вам в приложении для информации.

Между тем упомянутые 48 портфелей были поставлены в вагоне № ... ДР, а именно ... с. г. Они находились в ящиках №№ ... согласно отправочно-приёмочному листу № ... В примечании отправочно-приёмочного листа № ... сказано: «Дополнительная поставка недостающего количества в вагоне ПКП № ... от ..., контракт ..., 4 ящика № ... по 12 штук, всего 48 штук, согласно письму авиапочтой от ...».

Очевидно, получатель не обратил внимания ни на наше письмо от ..., ни на примечание на отправочно-приёмочном листе № ... при поступлении вагона ДР ... Надеемся, что этот вопрос теперь выяснен. Несмотря на то, что мы не могли установить недостачу товара в ящике 29/1 (наш отправочный лист № ...), мы решили, во избежание дальнейшей переписки и учитывая малоценность товара, послать получателю одну хозяйственную сумку, артикул ..., отдельной посылкой по почте.

Контроль к главе 23.3.6.

1.

Касается: нашего заказа № 493 от ... с. г.
          Вашей партии товара от ... с. г.

К нашему большому сожалению, мы должны констатировать, что присланные нам электродвигатели не соответствуют данным проспекта.

Валы для наших условий слишком коротки, а мощность двигателя мала. Только после основательной доработки электродвигатели были бы годны для наших целей.

Просим Вас на основании протокола приёмки убедиться в обоснованности нашей рекламации и сообщить нам немедленно о Вашем решении. До выяснения этого вопроса мы будем хранить моторы на нашем складе и можем предоставить их в Ваше распоряжение в любое время.

С уважением

2.

Касается: Вашей рекламации от ... с. г. на электромоторы

Очень сожалеем, что отправленные нами ... сего месяца электромоторы дали Вам повод для рекламации.

После проверки всех приведённых Вами доводов мы убедились в том, что Ваша рекламация совершенно обоснована.

Поэтому мы готовы предоставить Вам скидку в размере 5% от общей суммы для возмещения возникших у Вас в связи с этим расходов. При этом прилагаем кредит-ноту.

Надеемся, что подобное решение вопроса Вас удовлетворит и еще раз просим извинить нас за допущенную ошибку.

С уважением

3.

К сожалению, мы вынуждены высказать Вам наше недовольство по поводу весьма неудовлетворительного выполнения нашего заказа № 487 от ... с. г.

Вы не только не выполнили своевременно заказа, но и поставили такие товары, которые по качеству были гораздо хуже, чем присланный нам образец.

Мы проявим интерес к этому товару только при условии, если Вы значительно снизите цену.

Поэтому мы пока воздерживаемся от принятия оставшейся половины товара.

Ожидая Ваших предложений по урегулированию этого вопроса, остаёмся

с уважением

Контроль к главе 25.2.2.

1) **истечение** срока, 2) дать повод к рекламации, 3) предъявить претензию, 4) заявить претензию (по недоброкачественности товара), 5) жаловаться на что-л. (кого-л.), 6) возместить в сумме, 7) навести справки (о), 8) обнаружить недостачу в весе, 9) дебетовать счёт (занести в дебет счёта), 10) возникшее недоразумение, 11) навести справки, 12) небрежная отделка, 13) отступить от договора, 14) кредитовать счёт (записать в кредит счёта), 15) предоставить скидку с цены, 16) и в коем-случае не быть ответственным за (что-л.), 17) напомнить (кому-л. о чём),18) поставить в счёт в размере, 19) принять (взять) на себя ответственность за (кого-л., что-л.), 20) выставление счёта, 21) качество, свойство товара, 22) отказаться от приёмки, 23) признать недостатки, 24) избегать таких упущений, 25) принять к исполнению (для исправления), 26) быть обязанным, благодарным (кому-л. за что-л.), 27) во избежание, 28) безусловно (несомненно) усовершенствовать, 29) быть правомочным, 30) связаться с ярмарочным комитетом, 31) продемонстрировать приборы, 32) обратиться к займодателю, 33) обеспечить взаимную выгоду и полное равноправие, 34) завязать связи с заинтересованными лицами, 35) быть лишённым всякого основания.

27. **Общие условия поставок товаров между внешнеторговыми организациями стран-участниц Совета экономической взаимопомощи**

Все поставки товаров между внешнеторговыми организациями стран-участниц Совета экономической взаимопомощи осуществляются на основании нижеследующих Общих условий поставок.

В тех случаях, когда стороны при заключении контракта придут к выводу, что вследствие специфики товаров и/или особенностей его поставки требуется отступление от отдельных положений настоящих Общих условий поставок, они могут согласовать это в контракте.

I. Порядок заключения контракта

§ 1

Контракт считается заключенным в момент подписания его обеими сторонами, а в случае, когда он заключается между отсутствующими, — в момент получения заказчиком или предлагающим уведомления о подтверждении заказа или принятии предложения без оговорок в пределах срока, указанного в заказе или предложении; если в заказе или предложении не определен такой срок, то в течение 30 дней, считая со дня их отправки.

Заказ и предложение также, как и подтверждение заказа или принятие предложения действительны при условии, если они совершены в письменной форме, причем под письменной формой понимаются также телеграммы и сообщения по телетайпу. Приложения, дополнения и изменения к контракту совершаются в таком же порядке.

§ 2

Все приложения к контракту, как-то: технические условия, спецификации, особые условия испытания, предписания относительно упаковки, маркировки, погрузки и другие, которые указаны в контракте или в которых имеется ссылка на данный контракт, составляют его неотъемлемую часть.

§ 3

После заключения контракта вся предшествующая переписка и переговоры по контракту теряют силу.

II. Базис поставки

§ 4

При железнодорожных перевозках поставки осуществляются франко вагон граница страны продавца, при этом:

а) продавец несет расходы по транспортировке товара до государственной границы своей страны; расходы по перегрузке и/или перестановке колесных пар несет покупатель;

б) право собственности на товар, а также риск случайной утраты или случайного повреждения товара переходят с продавца на покупателя с момента передачи товара с железной дороги страны продавца железной дороге, принимающей товар;

в) датой поставки считается дата штемпеля на железнодорожной накладной пограничной станции, на которой товар передается железной дорогой страны продавца железной дороге, принимающей товар.

§ 5

При автомобильных перевозках поставки осуществляются франко место погрузки товара на транспортные средства покупателя, а если товар доставляется транспортными средствами продавца за государственную границу его страны — франко место досмотра товара пограничной таможней страны, граничащей со страной продавца, при этом:

а) продавец несет расходы по транспортировке товара до места, в котором производится погрузка товара на транспортные средства покупателя, а если товар доставляется транспортными средствами продавца за государственную границу его страны — до пограничной таможни страны, граничащей со страной продавца;

б) право собственности на товар, а также риск случайной утраты или случайного повреждения товара переходят с продавца на покупателя с момента принятия товара с транспортных средств продавца на транспортные средства покупателя, а если товар доставляется транспортными средствами продавца за государственную границу его страны — с момента досмотра товара пограничной таможней страны, граничащей со страной продавца;

в) датой поставки считается дата документа, подтверждающего принятие товара транспортными средствами покупателя, а в случае, когда товар доставляется за государственную границу страны продавца транспортными средствами продавца — дата досмотра товара пограничной таможней страны, граничащей со страной продавца.

§ 6

При водных перевозках поставки осуществляются фоб, сиф или каф порт, предусмотренный в контракте.

1. При поставке фоб:

а) продавец несет все расходы до момента погрузки товара на борт судна; стороны могут согласовать в контракте, что продавец несет расходы по погрузке товара и в трюм судна, включая расходы по укладке (штивке) товара;

б) право собственности на товар, а также риск случайной утраты или случайного повреждения товара переходят с продавца на покупателя с момента перехода товара через борт судна в порту погрузки;

в) датой поставки считается дата бортового коносамента или водной накладной.

2. При поставке сиф и каф:

а) продавец несет все транспортные расходы до момента прибытия судна в порт выгрузки; все расходы по выгрузке товара из трюмов судна несет покупатель, однако, при перевозках на линейных судах, по которым расходы по выгрузке товара входят во фрахт, эти расходы покупателем продавцу не возмещаются;

б) право собственности на товар, а также риск случайной утраты или случайного повреждения товара переходят с продавца на покупателя с момента перехода товара через борт судна в порту погрузки;

в) датой поставки считается дата бортового коносамента или водной накладной.

3. В контрактах может быть согласовано, кто несет расходы по сепарационным материалам при водных перевозках.

§ 7

При воздушных перевозках поставки осуществляются франко место сдачи товара к перевозке организации воздушного транспорта в стране продавца, при этом:

а) продавец несет все расходы до момента сдачи товара организации воздушного транспорта в своей стране;

б) право собственности на товар, а также риск случайной утраты или случайного повреждения товара переходят с продавца на покупателя с момента сдачи товара организации воздушного транспорта в стране продавца;

в) датой поставки считается дата грузовой накладной воздушного сообщения.

§ 8

При почтовых отправлениях поставки осуществляются франко получатель, при этом:

а) продавец несет все транспортные расходы до пункта назначения;

б) право собственности на товар, а также риск случайной утраты или случайного повреждения товара переходят с продавца на покупателя с момента сдачи товара почтовому ведомству страны продавца; при этом с момента сдачи посылки почтовому ведомству страны продавца право требования по договору перевозки, заключенному с почтовым ведомством, переходит с продавца на покупателя;

в) датой поставки считается дата почтовой квитанции.

III. Сроки поставок

§ 9

Если покупатель не выполнит в сроки, оговоренные в контракте, каких-либо предусмотренных контрактом обязательств по обеспечению производства у продавца или если представленные им данные покупатель впоследствии изменит, и если в связи с этим последуют существенные затруднения для продавца, связанные с производством, то продавец имеет право на соразмерное перенесение срока поставки, однако не более, чем на срок задержки со стороны покупателя в выполнении указанных выше обязательств, и/или потребовать возмещения возникших в связи с этим фактических убытков. О перенесении срока поставки продавец обязан своевременно известить покупателя.

§ 10

Если в контракте на машины или оборудование не определены конкретные сроки поставки их частей, то датой выполнения поставки считается день, в который наступила поставка последней части машины или оборудования, без которой не могут быть пущены в эксплуатацию данная машина или оборудование.

Положения этого параграфа не лишают покупателя права требования в отношении недопоставленных частей.

IV. Качество товара

§ 11

Если в контракте не оговорено, что качество товара должно соответствовать определенной качественной характеристике, техническим условиям или стандарту (с указанием номера и даты) или согласованному между сторонами образцу, то продавец обязан поставить товар обычного среднего качества, существующего в стране продавца при поставке данного рода товара.

§ 12

Усовершенствования, связанные с конструктивными изменениями, если таковые будут предложены после заключения контракта, могут вноситься только по соглашению стороны.

V. Количество товара

§ 13

Количество мест и/или вес поставленного товара определяются:

1. При железнодорожных перевозках:
   а) если вес товара был определен станцией ортправления железной дороги страны продавца — на основании железнодорожной накладной прямого международного железнодорожного грузового сообщения;
   б) если количество мест и/или вес товара на станции отправления железной дороги страны продавца определялись отправителем и не проверялись железной дорогой, то при бесперегрузочных перевозках, если иное не установлено контрактом, — на основании накладной прямого международного железнодорожного грузового сообщения, а в случае, когда проверка веса и/или количества мест производилась железной дорогой в пути следования или на станции назначения, при условии прибытия товара и вагона к месту проверки в состоянии, исключающем ответственность железных дорог, — на основании документа, отражающего результаты такого взвешивания и/или проверки количества мест железной дорогой, составленного в соответствии с СМГС;
2. При автомобильных перевозках — на основании перевозочного документа.
3. При водных перевозках — на основании коносамента или водной накладной.
4. При воздушных перевозках — на основании грузовой накладной воздушного сообщения.
5. При почтовых отправлениях — на основании почтовой квитанции.
6. В случае передачи товара на склад в соответствии с §§ 29 и 30 на основании складского свидетельства или сохранной расписки.

Проверка количества поставленного товара в специфицированных единицах измерения (например, по метражу, штукам, парам, весу нетто и т. п. производится по спецификации продавца.

VI. Упаковка

§ 14

Если в контракте нет особых указаний относительно упаковки, то продавец должен отгрузить товар в упаковке, применяющейся для экспортных товаров в стране продавца, которая обеспечила бы сохранность груза при перевозке, с учетом возможных перегрузок, при надлежащем и обычном обращении с грузом; при этом в соответствующих случаях должны учитываться продолжительность и способы транспортировки.

Перед упаковкой должна быть произведена надлежащая смазка машин и оборудования, обеспечивающая их сохранность от коррозии.

§ 15

В каждое место должен быть вложен подробный упаковочный лист.

При поставках оборудования и машин в упаковочном листе указываются: наименование машин и отдельных деталей, упакованных в данном месте, их количество с изложением технических данных согласно соответствующим позициям контракта, фабричный номер машины, номер чертежа, вес брутто и нетто и точная маркировка данного места.

Один экземпляр упаковочного листа в непромокаемом конверте вкладывается вместе с оборудованием или машиной в ящик или прикрепляется к наружной стороне ящика.

В случаях, когда оборудование или машина отгружается без упаковки, конверт из водонепроницаемой бумаги, в который вкладывается упаковочный лист, должен быть покрыт тонкой жестяной пластинкой, привариваемой непосредственно к металлическим частям машины.

§ 16

Если в контракте не оговорено иное, то продавец обязан направить вместе с транспортными документами в I экземпляре поместную весовую спецификацию и документ, подтверждающий качество товара.

VII. Маркировка

§ 17

Если иное не оговорено в контракте, то на каждое место должна быть четко нанесена несмываемой краской следующая маркировка:

номер контракта

номер места

получатель

вес нетто и брутто в кг.

При железнодорожных перевозках маркировка должна соответствовать требованиям Соглашения о международном железнодорожном грузовом сообщении (СМГС).

При водных перевозках маркировка должна также содержать размеры ящиков в сантиметрах, а в необходимых случаях порт назначения и страну назначения.

При перевозках другими видами транспорта маркировка должна удовлетворять требованиям правил, действующих на соответствующем виде транспорта.

Если в силу специфики товара требуется специальная (предупредительная) маркировка, то продавец обязан нанести такую маркировку.

Ящики маркируются с двух торцовых сторон, неупакованный товар — с двух сторон.

Маркировка наносится на языке страны продавца с переводом ее текста на русский или немецкий язык.

Для оборудования и машин номер места проставляется дробью, в которой числитель — порядковый номер места, знаменатель — общее число мест, в которых упакована комплектная единица оборудования.

VIII. Техническая документация

§ 18

Если в контракте не определено, какая техническая документация (чертежи, спецификация, инструкции по уходу и эксплуатации, по монтажу и т. п.) должна быть передана продавцом в связи с выполнением контракта, а также число ее комплектов, порядок и сроки ее вручения, то продавец должен представить в распоряжение покупателя техническую документацию в соответствии с практикой, существующей в соответствующей отрасли промышленности страны продавца. Техническая документация должна быть так выполнена, чтобы обеспечить возможность нормального использования машин и/или оборудования в производстве, их пуска, эксплуатации и ухода в процессе эксплуатации, а также текущего ремонта.

В технической документации должны быть указаны соответствующие номера контракта, наряда и партии (транса).

Предусмотренная в контрактах техническая документация, отправляемая вместе с товаром, должна упаковываться в водонепроницаемую бумагу или другим образом, предохраняющим ее от повреждения при совместной транспортировке с товаром.

Если контрактом не предусмотрены сроки передачи продавцом покупателю чертежей фундаментов или же строительных заданий или данных, необходимых для проектирования фундаментов, то эти сроки стороны согласовывают дополнительно.

§ 19

Если контрактом не установлено иное, то за продавцом сохраняется исключительное право на техническую документацию, передаваемую покупателю.

Покупатель имеет право использовать представленную ему техническую документацию, на которую продавец сохраняет исключительное право, или разрешать пользоваться ею только в пределах своей страны и только для ухода за машиной и/или оборудованием, на которые передана эта документация, их эксплуатации и ремонта (включая изготовление запасных частей, необходимых для ремонта). Переданная в соответствии с контрактом техническая документация не подлежит опубликованию.

В случае аннулирования контракта, техническая документация, переданная продавцом покупателю, должна быть, по требованию продавца, возвращена последнему без промедления, но не позднее, чем в течение трех месяцев со дня аннулирования контракта.

Если изготовление товара производится по технической документации покупателя, то на взаимоотношения сторон в отношении такой технической документации распространяются соответствующие положения настоящего параграфа.

IX. Проверка качества товара

§ 20

До отгрузки товара продавец обязан за свой счет подвергнуть проверке (испытанию или анализу, или осмотру и т. п. в зависимости от рода товара) качество товара в соответствии с согласованными с покупателем условиями: в случае отсутствия согласованных условий — в соответствии с обычными условиями проверки, существующими в стране продавца в отношении данного товара.

При поставке товаров массового промышленного и сельскохозяйственного производства, включая товары народного потребления и продукты питания, в случае отсутствия иных условий в контракте, проверка качества производится только в отношении предметов, взятых на выдержку, согласно общепринятым правилам в стране продавца.

На поставляемый товар, до его отгрузки, должен составляться по поручению и за счет продавца в отношении машин и оборудования, по которым производится испытание, протокол испытания с указанием существенных подробностей и результатов испытания, а в отношении других товаров — сертификат о качестве или документ, подтверждающий соответствие качества товара условиям контракта. Если иное не предусмотрено контрактом, продавец обязан представить покупателю соответствующий документ, подтверждающий качество товара. Протокол испытания представляется продавцом покупателю по требованию последнего.

Если вследствие особенностей машин или оборудования, или других обстоятельств требуется проверка обусловленной в контракте производительности на месте их установки, то эта проверка производится полностью или частично на месте установки машин или оборудования в стране покупателя в порядке и в сроки, установленные в контракте.

§ 21

В случае, когда оговорено в контракте право участия представителя покупателя в проверке качества товара в стране продавца, последний обязан сообщить покупателю о готовности товара к проверке в срок, дающий покупателю возможность принять участие в ней.

Продавец обязан обеспечить покупателю возможность участия в проверке согласно условиям контракта и процедуры, применяемой в данной отрасли промышленности; при этом продавец оплачивает все расходы, связанные с проведением проверки (расходы на персонал, по использованию технического оборудования, энергии вспомогательных материалов и т. п.), за исключением расходов на представителя покупателя.

Отсутствие представителя покупателя при проведении проверки качества товара не задерживает отправки товара, если имеется документ, подтверждающий соответствие товара условиям контракта.

Участие представителя покупателя в проверке качества товара, проводимой продавцом, не снимает с продавца ответственности за качество товара.

X. Гарантии

§ 22

Продавец отвечает в течение гарантийного срока за качество товара, в частности за качество материалов, применяемых для его изготовления, конструкцию машин, и оборудования (если оборудование, машины и т. д. изготавливаются не по чертежам покупателя), а также за те свойства товара, которые определены в контракте.

§ 23

Сроки гарантии устанавливаются:

а) для предметов точной механики, измерительных приборов, оптических изделий и инструмента — 9 месяцев с даты поставки;

б) для серийных машин и аппаратов, для малых и средних установок — 12 месяцев, считая со дня пуска в эксплуатацию, однако, не более 15 месяцев с даты поставки;

в) для крупных машин и больших установок — 12 месяцев, считая со дня пуска в эксплуатацию, однако, не более 24 месяцев с даты поставки.

216

Для комплектных заводов и комплектных установок могут быть предусмотрены в контракте более продолжительные сроки гарантии.

На машины и оборудование, не предусмотренные в настоящем параграфе, железнодорожный подвижной состав, колесные пары железнодорожного подвижного состава, кабельные изделия, а также для товаров, на которые по договоренности сторон или на основе торгового обычая предоставляется гарантия, как например, консервы и потребительские товары длительного пользования, сроки гарантии устанавливаются в контракте.

В случае задержки в пуске машины или оборудования в эксплуатацию по вине продавца, в частности, вследствие непредставления продавцом чертежей, инструкций по эксплуатации и других данных или услуг, предусмотренных контрактом, срок гарантии, исчисляемый с даты поставки, отодвигается на время задержки пуска машины или оборудования в эксплуатацию, возникшей по вине продавца.

§ 24

Если в течение гарантийного срока товар окажется дефектным или не соответствующим условиям контракта, то независимо от того, могло ли это быть установлено при испытании на заводе продавца, последний обязан за свой счет по требованию покупателя устранить без промедления обнаруженные дефекты путем исправления либо замены новыми дефектных предметов или частей. В этом случае покупатель вправе потребовать от продавца уплаты штрафа в порядке и размере, которые предусмотрены в § 51 (абзац 4).

Замененные дефектные предметы или части возвращаются продавцу по его требованию и за его счет не позднее 6 месяцев после их замены.

§ 25

Если продавец по требованию покупателя без промедления не устранит заявленных дефектов, то покупатель вправе устранить их сам за счет продавца, без ущерба для своих прав по гарантии, причем продавец обязан оплатить ремонт в сумме нормальных фактических расходов.

§ 26

Продавец не несет ответственности по гарантии в случае, если обнаруженные дефекты возникли не по вине продавца, а произошли, в частности, в результате неправильно проведенного покупателем монтажа, ремонта оборудования или машин, несоблюдения инструкций по эксплуатации и уходу, а также произведенных им изменений в оборудовании и машинах.

§ 27

В случае исправления или замены дефектных предметов или частей сроки гарантии для основного оборудования или машин продлеваются на время, в течение которого оборудование или машины не использовались вследствие обнаруженного дефекта.

XI. *Отгрузочные инструкции и извещения о поставках*

§ 28

Вид транспорта согласовывается между сторонами.

Если в контракте не установлены иные сроки, то покупатель обязан сообщить отгрузочные данные продавцу не позднее 30 дней до начала установленного в контракте срока поставки товара.

§ 29

Если иное не оговорено в контракте, то право определения направления перевозки при железнодорожных перевозках принадлежит покупателю.

Если иные данные не предусмотрены контрактом, то отгрузочная инструкция при железнодорожных перевозках должна содержать: тарифную декларацию, пограничный пункт перехода товара в стране продавца, грузополучателя, а также станцию назначения, причем покупатель обязан определять пункт перехода товара в стране продавца, исходя, по возможности, из кратчайшего общего расстояния между станцией отправления и станцией назначения.

Продавец обязан возместить покупателю все расходы, возникшие вследствие несоблюдения продавцом данных отгрузочной инструкции.

Если продавец не получит своевременно от покупателя инструкции об отгрузке товара, подлежащего поставке по железной дороге, то продавец имеет право по истечении установленного сторонами срока поставки передать товар на хранение за счет и риск покупателя. В этом случае покупатель возмещает также дополнительные расходы, связанные с доставкой товара на склад и со склада в вагон. Дата складского свидетельства или сохранной расписки о приёме товара на хранение будет считаться датой поставки товара. Однако продавец не освобождается от обязанности по отправке товара в адрес покупателя и оплаты расходов по доставке товара до границы.

§ 30

При поставках на условиях фоб продавец обязан известить покупателя по телеграфу или телетайпу в предусмотренный контрактом срок о готовности товара к отгрузке в порт.

По получении извещения покупатель обязан в 7-дневный срок сообщить по телеграфу или телетайпу продавцу о сроке доставки товара в порт отгрузки, причем этот срок не может быть менее 15 и более 30 дней, считая от даты отсылки указанного извещения продавцу.

В случае просрочки в предоставлении тоннажа расходы по хранению товара на складе в порту отгрузки свыше 21 дня по прибытии товара в порт отгрузки несет покупатель. Однако, если товар будет завезен продавцом в порт до срока, согласованного между сторонами, начисление на покупателя расходов по хранению будет производиться лишь по истечении 21 дня после согласованного срока доставки товара в порт.

По истечении указанных выше 21 дня продавец имеет право передать товар на хранение за счет и риск покупателя, о чем последний должен быть извещен немедленно. В этом случае покупатель возмещает также дополнительные расходы, которые возникли по истечении 21 дня в связи с переброской товара на склад и со склада на борт судна.

Хранение товара в порту может быть поручено только складу или организации, имеющим право выдачи складских свидетельств (документ о хранении товара на складе в порту, выданный государственным портовым управлением или государственным экспедитором, также рассматривается как складское свидетельство).

Дата складского свидетельства считается датой поставки, однако продавец не освобождается от обязанностей, предусмотренных § 6, пункт 1 «а».

§ 31

В случае, когда в соответствии с контрактом тоннаж должен быть предоставлен продавцом, покупатель обязан сообщить продавцу за 55 дней до наступления срока поставки порт назначения товара, и продавец обязан за 7 дней до дня начала погрузки товара известить по телеграфу или телетайпу покупателя о предполагаемой отгрузке, указав название судна, дату его намечаемого отплытия в порт назначения, наименование груза, количество мест и/или ориентировочный вес.

§ 32

Извещение о последовавшей отгрузке товара при железнодорожных, автомобильных и воздушных перевозках производится в сроки и в порядке, устанавливаемые в контрактах. Такое извещение должно содержать, если иное не предусмотрено в контракте, следующие данные: даты отгрузки, № контракта, наименование товара, количество и при железнодорожных перевозках — № вагона.

§ 33

Если иное не определено в контракте, то при водных перевозках продавец или его экспедитор обязаны немедленно после отплытия судна, но не позднее, чем в течение двух часов с момента отплытия, если время перевозки груза от порта отгрузки до порта назначения не превышает 72 часов, или не позднее чем в течение 24 часов с момента отплытия, если время перевозки превышает 72 часа, известить покупателя по телеграфу или телетайпу об отгрузке товара.

Такое извещение должно содержать, если иное не предусмотрено в контракте, следующие данные: название судна, дату его отплытия, порт назначения, наименование товара, номер контракта, номер коносамента (водной накладной), число мест, количество (штук, пар, тонн нетто и т. п.), вес брутто. Указанное извещение должно подтверждаться письмом.

Если вследствие несвоевременного извещения в порту разгрузки возникает простой судна, то расходы по простою несет продавец.

§ 34

Расходы по извещению покупателя об отгруженных товарах несет продавец.

XII. Порядок платежей

§ 35

1. Платежи за поставляемые товары производятся в форме инкассо с последующим акцентом (инкассо с немедленной оплатой) против представления продавцом банку страны продавца следующих документов:

   а. счета в трех экземплярах с указанием в нем:
   года и наименования соглашения (протокола),
   номера контракта и/или заказа покупателя,
   позиции товара в соглашении (протоколе) и
   других данных, предусмотренных контрактом.
   В случае поставки товара до заключения соглашения (протокола) в счете вместо года и наименования соглашения (протокола), а также позиции товара в соглашении (протоколе) указывается только год, в счет контингентов которого производится поставка;

   б. транспортного документа в зависимости от рода перевозки, согласованного в контракте, или складского свидетельства, или сохранной расписки в случаях, предусмотренных соответственно в §§ 29 и 30 настоящих Общих условий поставок, или акта о сдаче-приемке товара продавцом покупателю, или при отправках в сборных вагонах:

экспедиторской расписки на отправку с указанием в ней номера вагона, железнодорожной накладной и даты отправки, или, если это согласовано в контракте, экспедиторской расписки о приемке груза для последующей отправки без права отзыва продавцом;

в. других документов, предусмотренных в контракте.

2. Если это установлено в контракте, в счет (счет-фактуру) кроме стоимости товара, также могут быть включены стоимость фрахта, страхования и другие расходы, подлежащие оплате по тому же счету и в том же порядке, как и товар.

3. Один из трех экземпляров счета или, по согласованию продавца с покупателем, копия счета представляется продавцом через банк или непосредственно торговому представительству или торговому советнику (советнику по экономическим вопросам) посольства страны покупателя в стране продавца по требованию последних.

§ 36

1. Продавец несет полную ответственность за соответствие условиям контракта представленных им банку документов согласно подпунктам «а», «б», и «в» пункта 1 § 35 и содержащихся в них данных.

2. Банк страны продавца проверяет наличие документов, предусмотренных в подпунктах «а» и «б» пункта 1 § 35, и соответствие всех представленных документов между собой по содержанию и цифровым данным.

3. На основании проверенных документов банк страны продавца производит платеж продавцу и осуществляет в соответствии с действующими соглашениями между странами и/или банками расчет с банком страны покупателя, направляя без промедления документы банку страны покупателя непосредственно. Банк страны покупателя передает без промедления документы покупателю, одновременно взимая с покупателя эквивалент суммы, оплаченной по этим документам банком страны продавца. При этих расчетах не требуется предварительного согласия со стороны покупателя.
Платежные обязательства покупателя перед продавцом считаются выполненными при расчетах через Международный банк экономического сотрудничества в момент совершения записей по счетам банка страны покупателя и банка страны продавца в Международном банке экономического сотрудничества или при расчетах по счетам, открытым банками друг у друга, — в момент совершения записи по счету банка страны покупателя в банке страны провавца.

§ 37

Если покупатель, давая согласие на досрочную поставку, одновременно не оговорил иного, считается, что он также дал согласие на досрочную оплату.

§ 38

Покупатель имеет право в течение 14 рабочих дней со дня получения банком его страны счета продавца потребовать возврата всей или части выплаченной суммы.
А. Покупатель имеет право потребовать возврата всей суммы счета, если:

1. товар не заказан или отгружен после аннулирования контракта с согласия продавца;

2. товар уже ранее оплачен покупателем;

3. не представлены все виды документов, указанные в подпунктах «а», «б», и «в» пункта 1 § 35;

4. оборудование отгружено некомплектно, а платежи в контракте предусмотрены за комплектные отгрузки;

5. продавец отгрузил товар ранее установленного контрактом срока без согласия покупателя или же до наступления срока поставки получил платеж за товар, в отношении которого покупатель дал согласие на досрочную поставку, предупредив о своем несогласии на досрочный платеж;

6. продавец отгрузил товар после получения отказа покупателя от контракта, произведенного в соответствии с §§ 46 и 61;

7. счет и/или приложенные к нему документы вследствие имеющихся между ними расхождений или недостаточности данных, содержащихся в них, не позволяют определить количество и/или сорт, и/или качество, и/или стоимость товара;

8. в счете не указаны подетальные цены или не приложена расценочная спецификация, предусмотренные контрактом;

9. платеж должен быть произведен в другой форме, чем инкассо с последующим акцентом (инкассо с немедленной оплатой), или через другой счет;

10. будут иметь место другие обстоятельства, в отношении которых контрактом прямо предусмотрено такое право.

Покупатель может по своему усмотрению потребовать также частичного возврата суммы счета по причинам, указанным в пунктах 2—9 § 38.

Б. Покупатель имеет право потребовать частичного возврата суммы счета, если:

1. в счете превышены установленные контрактом цены или в счет включены расходы, оплата которых не согласована в контракте;

2. из документов, на основании которых произведен платеж, видно, что паряду с заказанным товаром отгружен также незаказанный товар;

3. покупатель отказывается от приемки части товара ввиду несоблюдения продавцом установленного контрактом ассортимента, если это несоблюдение ассортимента видно из документов, на основании которых произведен платеж;

4. из документов, на основании которых произведен платеж, видно, что отгруженное количество товара превышает заказанное количество, причем количество отгруженного товара сверх заказанного превышает допуски, установленные контрактом;

5. количество товара, указанное в счете, превышает количество, указанное в транспортных документах и/или спецификациях;

6. в счете или в приложенных к нему документах обнаружена арифметическая ошибка в пользу продавца;

7. будут иметь место другие обстоятельства, в отношении которых контрактом прямо предусмотрено такое право.

§ 39

1. Предъявляя требование о полном или частичном возврате суммы, оплаченной на основании счета продавца. покупатель обязан представить банку своей

страны мотивированное и обязывающее его заявление вместе с копиями, количество которых определяется банком страны покупателя, но пе менее трех экземпляров. Одна копия этого заявления предназначена для пересылки продавцу. Покупатель должен в каждом случае сделать заявление о возврате суммы со ссылкой на тот пункт § 38, на основании которого он требует возврата суммы. Одновременно с предъявлением банку требования о возврате суммы покупатель обязан известить продавца о производимом возврате. При непрерывных частичных поставках это извещение должно быть сделано по телеграфу или телетайпу. По требованию банка покупатель обязан представить банку необходимые документы в обоснование соответствия мотивов требования о возврате оплаченной суммы условиям, указанным в § 38.

Если заявление о возврате оплаченной суммы относится к пункту А. 10 § 38, или пункту Б. 7 § 38, или пункту А. 5 § 42, банк страны покупателя в каждом случае проверяет наличие этих условий.

2. В случаях, упомянутых в пунктах А. 1, 3 и 6 § 38 и в пунктах Б. 2, 3 и 4 § 38, покупатель в своем заявлении, содержащем требование о возврате уплаченной суммы, обязан одновременно подтвердить, что непринятый им товар он держит в распоряжении продавца за счет и риск последнего.

3. Если банк страны покупателя установит, что требование полного или частичного возврата уплаченной суммы соответствует условиям, предусмотренным § 38, то банк страны покупателя производит возврат списанной со счета покупателя суммы в соответствии с действующими соглашениями между странами и/или банками. Одновременно банк страны покупателя направляет копию заявления покупателя банку страны продавца, который дебетует счет продавца. Возвращая суммы, банк страны покупателя сообщает банку страны продавца дату поступления документов, указанных в подпунктах «а», «б» и «в» пункта 1 § 35.

4. При полном возврате суммы, полученной по счету в соответствии с пунктами А. 1, 3 и 6 § 38, покупатель обязан возвратить продавцу полученные документы, касающиеся данной партии товара, по первому его требованию.

5. После возврата покупателю ранее полученной продавцом суммы, продавец имеет право вторично представить в банк своей страны документы и/или счет вместе с копией заявления покупателя о возврате для оплаты вновь путем инкассо с последующим акцептом (инкассо с немедленой оплатой), если в случаях, указанных:

а) в пунктах А. 3, 7 и 8 § 38 — продавец представил недостающие и/или исправленные документы;

б) в пункте А. 4 § 38 — продавец выполнил поставку комплектно;

в) в пункте А. 5 § 38 — наступил предусмотренный контрактом срок платежа;

г) в пункте А. 9 § 38 — продавец представил документы для оплаты по соответствующему счету.

6. После восстановления банком суммы на счете покупателя все разногласия между продавцом и покупателем разрешаются непосредственно между ними.

7. Если покупатель признает или арбитраж установит, что покупателю на основании его требования была необоснованно возвращена уплаченная сумма, покупатель должен, помимо оплаты указанной суммы, уплатить штраф в размере $0,1\%$ от этой суммы за каждый день задержки, считая со дня возврата суммы до дня окончательного платежа, но не свыше 5% необоснованно возвращенной суммы.

§ 40

Оплата услуг и других расходов, связанных с взаимными поставками товаров, в том числе расходов по монтажу, проектным и подготовительным работам и транспортно-экспедиторским услугам и не включенных в счет за товар, производится в порядке инкассо с последующим акцептом (инкассо с немедленной оплатой) против представления кредитором банку своей страны счета и других документов, согласованных между сторонами.

§ 41

При расчетах за услуги и другие расходы, предусмотренные в § 40, кредитор несет полную ответственность за то, что представленные им банку документы и содержащиеся в них данные или представление счета без документов соответствуют договоренности с должником.

§ 42

При расчетах за услуги и другие расходы, предусмотренные в § 40, должник имеет право в течение 24 рабочих дней со дня получения банком его страны счета кредитора потребовать возврата всей или части выплаченной суммы.

А. Должник имеет право потребовать возврата всей суммы счета, если:

1. отсутствует поручение на услуги или оно аннулировано до оказания услуг;

2. эти услуги оплачены ранее;

3. не представлены все виды документов, согласованные сторонами, или из представленных документов невозможно определить, какие услуги и на какую сумму были оказаны;

4. платеж должен быть произведен в другой форме, чем инкассо с последующим акцептом (инкассо с немедленной оплатой), или через другой счет;

5. имели место другие обстоятельства, в отношении которых, по договоренности сторон, прямо предусмотрено такое право.

Б. Должник имеет право потребовать частичного возврата суммы, если:

1. в счете или в приложенных к нему документах имеется арифметическая ошибка в пользу кредитора;

2. в счете применены более высокие тарифы и/или ставки, чем было согласовано между сторонами;

3. неправильно применены курсы валют;

4. в счет включены услуги, сборы, комиссионные вознаграждения и надбавки не согласованные сторонами;

5. сумма счета исчислена на основании неправильных данных о количестве, весе и объеме товара;

6. в счет включена наряду со стоимостью выполненных услуг стоимость невыполненных и/или частично выполненных услуг;

7. платеж должен быть произведен в другой форме, чем инкассо с последующим акцептом (инкассо с немедленной оплатой) или через другой счет.

В случае возврата должнику уплаченной суммы возврат документов производится по согласованию сторон.

§ 43

При расчетах за услуги и другие расходы, предусмотренные в § 40, кроме постановлений §§ 40—42 применяются по аналогии положения §§ 36 и 39.

§ 44

1. Платежи по претензиям по количеству, качеству, штрафам и из других оснований производятся путем:

   а. непосредственного перевода должником кредитору признанной суммы или

   б. оплаты банком страны кредитора в порядке инкассо с последующим акцептом (инкассо с немедленной оплатой) признанной должником суммы на основании его кредит-ноты.

2. Должник имеет право потребовать возврата суммы, оплаченной на основании подпункта «б» пункта 1 настоящего параграфа, если он докажет, что он перевел сумму счета в соответствии со подпунктом «а» пункта 1 настоящего параграфа, которой был дебетован его счет.

§ 45

Если предусмотренный контрактом в силу особых условий поставки аккредитив не будет открыт покупателем в установленный контрактом срок, он обязан уплатить продавцу за каждый день опоздания против сроков, установленных в контракте, по день открытия аккредитива, штраф в размере 0,5 %, но не более 5 % от суммы аккредитива.

Продавец обязан предоставить покупателю дополнительный срок для открытия аккредитива, не утрачивая при этом права на начисление штрафа.

Если покупатель не откроет аккредитива и в дополнительный срок, продавец имеет право аннулировать контракт. В этом случае он может по своему усмотрению либо получить от покупателя штраф, предусмотренный в пункте 1 настоящего параграфа, либо однократно взимаемый штраф в размере 3 % от суммы аккредитива, если иной размер штрафа не установлен в контракте.

В случае задержки открытия аккредитива продавец вправе задержать отгрузку товара.

Если товар отгружен продавцом до открытия аккредитива, хотя и с опозданием против согласованных сроков, банк страны продавца принимает документы к оплате в порядке инкассо с предварительным акцептом.

XIII. Случаи, освобождающие от ответственности

§ 46

1. Стороны освобождаются от ответственности за частичное или полное неисполнение обязательств по контракту, если это неисполнение явилось следствием обстоятельств непреодолимой силы.

   Под обстоятельствами непреодолимой силы понимаются обстоятельства, которые возникли после заключения контракта в результате непредвиденных и неотвратимых стороной событий чрезвычайного характера.

2. Стороны также освобождаются от ответственности за частичное или полное неисполнение обязательств по контракту, если это вытекает из двустороннего соглашения, или из контракта, или из материального права страны продавца, применяемого к данному контракту.

3. В случаях, предусмотренных пунктами 1 и 2 настоящего параграфа, срок выполнения сторонами обязательств отодвигается соразмерно времени, в течение которого будут действовать такие обстоятельства и их последствия.

Если эти обстоятельства будут длиться более 5 месяцев для товаров, по которым сроки поставки не превышают одного года с момента заключения контракта, или более 8 месяцев для товаров, по которым сроки поставок установлены свыше 12 месяцев с момента заключения контракта, то каждая из сторон будет иметь право отказаться от дальнейшего исполнения контракта и в этом случае ни одна из сторон не будет иметь права требовать от другой стороны возмещения возможных убытков.

Постановления настоящего параграфа в отношении продления сроков выполнения контрактов не распространяются на контракты на срок, (т. е. такие контракты, в силу прямого указания в которых или из содержания которых ясно вытекает, что при нарушении сроков поставки они аннулируются автоматически или покупатель вправе немедленно отказатся от их исполнения).

Сторона, для которой создалась невозможность исполнения обязательств по контракту, должна о наступлении и прекращении вышеупомянутых обстоятельств немедленно известить в письменном виде другую сторону.

XIV. Претензии по качеству и количеству

§ 47

Претензии могут быть заявлены:

а) по качеству товара (включая нарушение комплектности или ассортимента), в случае несоответствия условиям контракта:

б) по количеству товара, если из обстоятельств дела не усматривается ответственность перевозчика.

Продавец несет ответственность за изменение качества товара, его повреждение, порчу или недостачу и после перехода права собственности и риска на покупателя, если изменение качества товара, его повреждение или недостача произошли по вине продавца.

§ 48

Претензии могут быть заявлены:

а) в отношении качества товара — в течение шести месяцев, считая с даты поставки;

б) в отношении количества товара — в течение трёх месяцев, считая с даты поставки;

в) в отношении товаров, по которым предоставлен гарантийный срок, — не позднее 30 дней по истечении срока гарантии, при условии обнаружения недостатка в пределах срока гарантии.

Непредъявление претензии в вышеуказанные сроки лишает покупателя права обращаться в арбитраж.

§ 49

В случае, когда из обстоятельств дела неясно, кто должен нести ответственность за количественные или качественные недостатки товара (перевозчик или грузоотправитель), или возможна смешанная ответственность и заявляется претензия к перевозчику, покупатель, чтобы не потерять срок на предъявление претензии к продавцу, должен в пределах сроков на предъявление к нему претензий сообщить о заявлении претензии к перевозчику.

Если из объяснений перевозчика или решения суда вытекает, что ответственность по данной претензии должен нести грузоотправитель, то покупатель обязан без промедления после получения отказа от перевозчика или решения суда направить продавцу подтверждающие его претензию документы с приложением копии письма перевозчика или решения суда.

§ 50

В претензии должны быть указаны количество и род рекламируемого товара, содержание и основание претензии, а также конкретные требования покупателя.

§ 51

При предъявлении претензии по количеству покупатель имеет право требовать либо допоставки недостающего количества, либо возврата уплаченной им суммы за недостающее количество товара.

При предъявлении претензии по качеству покупатель вправе требовать либо устранения обнаруженных дефектов, либо уценки товара.

Если покупатель требует устранения дефектов, то продавец должен на свой счёт исправить дефект, либо заменить дефектный товар.

В случаях, указанных в предыдущем абзаце, покупатель вправе потребовать от продавца уплаты штрафа как за просрочку в поставке в размере, предусмотренном в § 59, считая с даты заявления претензии по день устранения дефекта, или по дату поставки товара взамен забракованного. Однако сумма штрафа на одну партию или единицу товара не может превышать 8 % от стоимости дефектного товара или дефектной части товара, подлежащей исправлению или замене, включая штраф за просрочку в поставке, если такая просрочка имела место и штраф уже был начислен.

§ 52

Продавец обязан без промедления, но не позднее, чем в течение 45 дней со дня получения претензии, рассмотреть претензию и дать ответ покупателю по существу или о ходе ее рассмотрения.

Если продавец не даст никакого ответа на претензию покупателя в течение 45 дней со дня ее получения, то покупатель имеет право обратиться в арбитраж, и в таком случае независимо от исхода дела расходы по арбитражному сбору относятся на счет продавца.

§ 53

По контрактам на срок продавец должен устранить дефект, либо заменить дефектный товар в пределах срока поставки, предусмотренного контрактом; в противном случае покупатель вправе отказаться от контракта немедленно по истечении срока поставки и потребовать от продавца неустойку как при просрочке в поставке, а также возврата уплаченных сумм.

§ 54

Покупатель не имеет права возвращать продавцу товар, по которому он заявил претензию по качеству, без согласия продавца.

Вышеуказанное положение не применяется к случаям, когда продавец вопреки требованию покупателя о приостановлении отгрузки товара при повторяющихся поставках дефектных партий, продолжает отгрузку (§ 56).

§ 55

Замененные дефектные предметы или части возвращаются продавцу по его требованию не позднее 6 месяцев после их замены,

Все транспортные и другие расходы, связанные с возвратом и/или заменой дефектных предметов как на территории страны покупателя и страны транзита, так и на территории страны продавца несет продавец.

§ 56

Рекламирование одной партии товара не дает покупателю права отказаться от приемки последующих партий товара, предусмотренных контрактом.

При повторяющихся поставках дефектных партий товара покупатель вправе потребовать приостановления дальнейшей поставки товара до тех пор, пока не будут устранены продавцом обстоятельства, порождающие дефекты.

В этом случае покупатель вправе потребовать от продавца уплаты штрафа как за просрочку в поставке в размере, предусмотренном в § 59 до дня, когда согласно контракту товар должен был быть поставлен, до дня возобновления продавцом поставок доброкачественного товара.

§ 57

Если продавец в отношении товара, по которому контрактом не предусмотрена гарантия, не устранит дефектов, за которые он несет ответственность, то покупатель имеет право устранить их сам с отнесением на продавца нормальных фактических расходов.

§ 58

Если окончательная приемка товара по качеству производится согласно контракту в стране продавца, то претензии по качеству могут предъявляться, если иное не оговорено в контракте, лишь по скрытым дефектам (которые не могли быть обнаружены при обычной проверке товара).

XV. Санкции

§ 59

В случае просрочки поставки товара против установленных в контракте сроков продавец уплачивает покупателю штраф, исчисляемый от стоимости непоставленного в срок товара.

Штраф начисляется с момента, определенного в двустороннем соглашении или в контракте, в следующем размере: в течение первых 30 дней — 0,05% за каждый день, в течение следующих 30 дней — 0,08% за каждый день и в дальнейшем — 0,12% за каждый день. Однако общая сумма штрафа за просрочку не может превышать 8% стоимости товара, в отношении которого имела место просрочка.

§ 60

Если продавец допустит опоздание в предоставлении технической документации, без которой не могут быть пущены в эксплуатацию машина или оборудование, он уплачивает штраф, исчисляемый от стоимости машины или оборудования, к которым относится техническая документация, в порядке и размере, установленных в § 59.

§ 61

Если иной срок не установлен в контракте, то при просрочке в поставке товара свыше 4 месяцев, а для крупного оборудования несерийного производства свыше 6 месяцев против срока поставки, установленного в контракте, покупатель имеет право отказаться от выполнения контракта в отношении просроченной части и ранее поставленной части, если поставленная часть товара не может быть использована без той части, которая не поставлена.

Для комплектных заводов и установок сроки на отказ от контракта согласовываются сторонами в каждом отдельном случае.

В случае отказа от контракта продавец обязан возвратить покупателю произведенные последние платежи с начислением 4% годовых.

Постановления первого и второго абзацев настоящего параграфа не распространяются на контракты на срок.

§ 62

При нарушении срока поставки по контрактам на срок продавец, если покупатель отказывается от контракта, уплачивает ему неустойку в размере, установленном в двустороннем соглашении или в контракте.

В случае, если покупатель дает согласие на принятие по такому контракту товара с просрочкой, то неустойка не взимается, а продавец уплачивает покупателю штраф за каждый день с первого дня просрочки в размере, установленном в § 59.

§ 63

За неизвещение или несвоевременное извещение продавцом покупателя о произведенной отгрузке товара продавец уплачивает покупателю штраф в размере 0,1% стоимости отгруженного товара, однако, не менее 50 рублей и не более 500 рублей за одну отгрузку.

§ 64

Претензии по штрафам должны быть предъявлены не позднее 3 месяцев, считая с даты прекращения начисления штрафа.

Непредъявление претензии в вышеуказанный срок лишает покупателя права обращаться в арбитраж.

XVI. Арбитраж

§ 65

Все споры, могущие возникнуть из контракта или в связи с ним, подлежат, за исключением подсудности общим судам, рассмотрению в арбитражном порядке, в арбитраже, установленном для этих споров в стране ответчика, или, по договоренности сторон, в третьей стране-участнице Совета экономической взаимопомощи. Встречные иски подлежат рассмотрению в арбитраже, в котором рассматривается основной иск.

Споры рассматриваются в соответствии с правилами производства дел, действующими в арбитраже, в котором разрешается дело.

Решения арбитража окончательны и обязательны для сторон.

XVII. Прочие условия

§ 66

Если железная дорога предоставляет вагон с большей нормой загрузки, чем заявлено продавцом, или, если железная дорога, ссылаясь на ограничение давления на оси на определенном участке, отказывается загрузить вагон до нормы веса, предписанной или предусмотренной тарифом для данного груза, продавец обязан требовать официального подтверждения этого железной дорогой в накладной.

Это же условие распространяется на те случаи, когда вагоны предоставляются покупателем.

§ 67

В случае, если вагон по вине продавца не загружен в соответствии с нормами Единого транзитного тарифа (ЕТТ), продавец несет расходы за возникший недогруз но транзитным железным дорогам.

§ 68

В случае поставки грузов, не соответствующих габаритным условиям железной дороги покупателя, продавец обязан не позднее двух месяцев до срока поставки предупредить об этом покупателя заказным письмом, приложив габаритные чертежи груза с указанием его размеров и веса. Дата отправки и пограничная станция, через которую должен пройти груз, подлежат уточнению сторонами, причем дата отгрузки должна быть подтверждена продавцом не позднее, чем за 21 день до отправки груза.

§ 69

Продавец не обязан страховать поставляемый товар, если это прямо не предусмотрено контрактом.

§ 70

Все претензии должны предъявляться заказным письмом с приложением всех подтверждающих документов.
Датой их предъявления считается дата штемпеля о принятии заказного письма почтовым ведомством страны заявителя.

§ 71

Стороны взаимно не будут предъявлять претензии, сумма требования по которым не превышает 50 рублей, за исключением требований по расчетам в связи с выявленными арифметическими ошибками.

§ 72

Ни одна из сторон не вправе передавать свои права и обязательства по контракту третьим лицам без письменного согласия на то другой стороны.

§ 73

Все расходы, налоги, таможенные пошлины и сборы на территории страны продавца, связанные с выполнением контракта, оплачиваются продавцом, а на территории страны покупателя и на транзитной территории — покупателем.

§ 74

К отношениям сторон по поставкам товаров по тем вопросам, которые не урегулированы или неполностью урегулированы контрактами или настоящими Общими условиями, применяется материальное право страны продавца.

28. Список использованной литературы

1) *Антонюк, М. К.:*
Учебное пособие для продавца. Москва 1963 г.

2) *Архипов, И./Туз, Р.:*
Организация и техника торговли промышленными товарами.
Москва 1962 г.

3) *Ваганов, Б. С.:*
Организация и техника внешней торговли СССР и др. соц. стран.
Москва 1963 г.

4) *Журналы:*
Коммунист (1963—1969 гг.), Внешняя торговля (1962—1969 гг.),
Бюллетень иностранной коммерческой информации (1962—1969 гг.).

5) *Кольс, З./Пацкан, П.:*
Русская коммерческая корреспонденция. Берлин 1960 г.

6) *Кольс, З.:*
Сборник коммерческих писем. Берлин 1957 г.

7) *Кольс, З.:*
Русский язык для торговых работников. Галле/Лейпциг 1967 г.

8) *Лопатин, Г./Линденбратен, Л.:*
Учебник немецкого коммерческого языка. Москва 1959 г.

9) *Червяков, П. А.:*
Организация и техника внешней торговли СССР. Москва 1962 г.

10) *Шевченко, В. С./Светлова, А. Н.:*
Внешнеторговая корреспонденция и документация. Москва 1964 г.